MANUEL

DE TOUS LES AGES,

ou

ÉCONOMIE

DE LA VIE HUMAINE;

Traduit d'un ancien Manuscrit Indien en Anglois, & de l'Anglois en François, sur la derniere Edition.

PAR MISS D. P.

IMPRIMÉ
PAR T. A. PEARSON,
Birmingham.

MDCCXCIX.

TABLE
DES MATIERES.

AVIS DU TRADUCTEUR, ix
*Lettre à My Lord ****, xi
Seconde Lettre au même, xxii
Introduction, i

PREMIERE PARTIE.

Devoirs de l'Homme considéré comme Individu.

Section I. *De la Considération de soi-même,* 4
Sect. II. *De la Modestie,* 6
Sect. III. *De l'Application,* 9
Sect. IV. *De l'Emulation,* 12
Sect. V. *De la Prudence,* 15
Sect. VI. *De la Fermeté,* 19
Sect. VII. *Du Contentement,* 22
Sect. VIII. *De la Tempérance,* 25

SECONDE PARTIE.
Des Passions.

Section I. *De l'Espérance & de la Crainte,* 30
Sect. II. *De la Joie & du Chagrin,* 33
Sect. III. *De la Colere,* 37
Sect. IV. *De la Pitié,* 40

Sect. V. *Du Desir & de l'Amour,* 42

TROISIEME PARTIE.
De la Femme, 44

QUATRIEME PARTIE.
De la Consanguinité ou des proches parens.

Sect. I. *Du Mari,* 49
Sect. II. *Du Pere,* 52
Sect. III. *Du Fils,* 55
Sect. IV. *Des Freres,* 57

CINQUIEME PARTIE.
Différences accidentelles qui se rencontrent entre les hommes.

Sect. I. *Du Sage & de l'Ignorant,* 59
Sect. II. *Du Riche & du Pauvre,* 62
Sect. III. *Des Maîtres & des Domestiques,* 66
Sect. IV. *Des Magistrats & des Sujets,* 68

SIXIEME PARTIE.
Des Devoirs de la Société.

Sect. I. *De la Bienveillance,* 72
Sect. II. *De la Justice,* 74
Sect III. *De la Charité,* 77
Sect. IV. *De la Reconnoissance,* 79
Sect. V. *De la Sincérité,* 81

SEPTIEME PARTIE.

De la Religion, 84

HUITIEME PARTIE.

De l'Homme considéré en général.

Sect. I. *De la forme & de la structure de l'Homme,* 90
Sect. II. *De l'usage des Sens,* 93
Sect. III. *De l'Ame, de son origine & de ses affections,* 97
Sect. IV. *De la durée & de l'emploi de la vie humaine,* 103

NEUVIEME PARTIE.

L'Homme considéré relativement à ses défauts & à leurs effets.

Sect. I. *De la Vanité,* 111
Sect. II. *De l'Inconstance,* 116
Sect. III. *De la Foiblesse,* 122
Sect. IV. *De l'Insuffisance des connoissances humaines,* 128
Sect. V. *Des Malheurs,* 135
Sect. VI. *Du Jugement,* 140
Sect. VII. *De la Présomption,* 147

DIXIEME PARTIE.

Des affections nuisibles à l'Homme.

Sect. I. *De la Cupidité,* 154

Sect. II. *De la Profusion,* 159
Sect. III. *De la Vengeance,* 161
Sect. IV. *De la Cruauté, de la Haine & de l'Envie,* 167
Sect. V. *De la Mélancolie,* 172

ONZIEME PARTIE.

Des avantages par lesquels l'Homme peut s'élever au-dessus de ses semblables.

Sect. I. *De la Noblesse & de l'Honneur,* 180
Sect. II. *De la Science & de l'Etude,* 187

DOUZIEME PARTIE.

Des Accidens naturels.

Sect. I. *De la Prospérité & de l'Adversité,* 192
Sect. II. *De la Douleur & de la Maladie,* 197
Sect. III. *De la Mort,* 199

Fin de la Table.

LE motif qui engagea il y a quelques années à faire cette traduction en France, est celui qui anime aujourd'hui la Sœur du Traducteur à en donner une édition dans ce pays-ci; bien assurée qu'elle ne peut être que fort accueillie du Public.

Il paroit inutile de s'etendre sur le mérite de cette traduction, dont le lecteur sera juge: l'Editeur remarquera seulement, que la difficulté de se procurer des livres François, qui en donnant la connoissance de la langue tendent a perfectionner l'esprit, a fait désirer celui-ci à plusieurs personnes de gout employées à l'education : il a encore cet avantage, que la simplicité du style le met à la portée de tous les ages.

L'Editeur se flatte que cette traduction sera adoptée dans les pensions où faute d'avoir des ouvrages calculés, pour la jeunesse, on est obligé de charger la mémoire des enfans de phrases qui n'ont d'autre avantage que celui d'enseigner des mots, & qui en ne donnant point d'idées, ne peuvent être retenus facilement.

Qu'il soit permit d'ajouter, que les ouvrages de ce genre peuvent plus qu'aucun autre se traduire sans perdre leur beauté ; car la morale semble avoir cela de particulier, qu'elle paroit originale dans toutes les langues.

AVIS
DU TRADUCTEUR.

LE plaisir que j'ai éprouvé en lisant ce petit Traité de morale, m'a déterminée à le traduire; & l'utilité dont il peut être à la jeunesse, m'engage à publier ma traduction. Le siecle a vu paroître une foule de recueils dans ce genre; mais en est-il un qui puisse être comparé à celui-ci, pour la sublimité de la morale & pour l'énergique simplicité du style oriental qui y regne? Combien je plaindrois l'ame froide, qui ne se sentiroit pas, à la lecture de ce livre, entraînée vers la vertu!

Quand cet Ouvrage parut en Angleterre, il fut trés-accueilli; on en fit plufieurs éditions, & plufieurs traductions fe répandirent en France & dans les pays étrangers. Je ne me permettrai pas de juger ici le mérite d'aucune. Je ne réclame pour la mienne qu'un avantage bien précieux; c'eft d'avoir été faite fur la derniere édition publiée à Londres en 1776, édition bien plus confidérable que toutes les précédentes. Les traductions que j'ai vues finiffent à la page 90 de celle que j'offre au Public.

LETTRE

A MY LORD ***.

Pékin, 13 *Août* 1748.

MY LORD,

DANS la derniere lettre qui j'ai eu l'honneur de vous écrire, datée du 23 Décembre 1748, je crois avoir achevé le détail que j'avois à vous faire de la Topographie & de l'Histoire naturelle de ce grand Empire. Je me proposois de vous entretenir dans celle-ci & les suivantes, de quelques observations que j'ai été à portée de faire sur les Loix, le gouvernement, la religion & les mœurs de ce peuple. Mais je ne crois pas devoir passer sous silence un événement fort remarquable, qui fait actuellement le sujet de la conversation des

Lettrés de ce pays, & qui pourra par la suite fournir matiere aux spéculations des Savans de l'Europe : comme cet événement est d'une nature à vous donner quelque amusement, je vais tâcher de vous le rapporter avec toutes les circonstances qu'il m'a été possible de recueillir.

Vers l'occident de la Chine, est la grande contrée du Thibet, appellée par quelques-uns Harantola : c'est dans une de ses provinces, nommée Lasa, que réside le grand Lama, Grand-Prêtre de ces idolâtres, qui est respecté & même adoré comme un Dieu, par plusieurs nations voisines. La haute opinion que l'on a de son sacré caractere, engage un nombre prodigieux d'ames pieuses à faire le voyage de Lasa, pour lui rendre leurs hommages, lui offrir des présens, & recevoir sa bénédiction. Sa demeure est une magnifique pagode, ou temple, bâti sur le sommet du mont Poutala. Au pied de cette montagne & dans tous les environs de

Lafa, habite une multitude incroyable de Lamas de différens ordres; quelques-uns d'entre eux ont de très-grandes pagodes érigées en leur honneur, dans lefquelles ils reçoivent une efpece d'adoration fubalterne. Toute cette contrée eft remplie de Prêtres, qui fubfiftent des riches préfens qu'on leur envoie de la Tartarie, de l'Empire du grand Mogol, & de prefque toutes les Indes. Lorfque le grand Lama reçoit les hommages du peuple, il eft élevé fur un autel magnifique, & affis les jambes croifées fur un fuperbe couffin. Ses adorateurs fe profternent devant lui de la maniere la plus humble & la plus baffe. Mais il ne daigne ni les appercevoir, ni leur parler; il impofe la main aux plus grands Princes; & ils font pleinement perfuadés qu'ils ont reçu par-là un pardon général de leurs péchés: ils ont encore la fottife de croire qu'il connoît tout jufques aux mouvemens les plus fecrets de leur cœur; & fes difciples particuliers, au *nombre de deux cens, choisis parmi les plus éminens Lamas, ont l'adresse de faire croire au peuple qu'il est immortel, & que quand il paroît mourir, il change seulement de demeure & anime un nouveau corps.*

Les Savans de la Chine ont pensé de tout tems qu'il y avoit de très-anciens livres cachés dans les archives de ce grand temple. L'Empereur actuel, qui étoit de la même opinion, & qui recherchoit avec beaucoup de curiosité les écrits de l'antiquité, prit enfin la résolution de s'éclaircir de la vérité de cette tradition. Dans cette vue, son premier soin fut de trouver une personne versée dans la connoissance des langues anciennes & de leurs caracteres. Il jetta les yeux sur un des Hanlins ou Docteur du premier ordre, nommé Cao-tsou, homme d'environ cinquante ans, d'une phisionomie noble & grave, d'une grande éloquence, & qui par hasard s'étant lié avec un savant Lama, qui avoit résidé plusieurs années à Pékin, avoit appris & connoissoit parfaitement le langage dont se servent entre eux les Lamas du Thibet. Cao-tsou, se mit en marche avec ces avantages; & pour donner à sa commission un plus grand poids, l'Empereur le décora du titre de Colao, ou premier Ministre; il ajouta à cela des équipages & un cortege magnifique, avec des présens d'une valeur considérable pour le grand Lama & les autres principaux Lamas, & le chargea de la lettre suivante, écrite de sa main.

Au grand représentant de Dieu.

Très-haut, Très-saint, & digne d'être adoré: Nous, l'Empereur de la Chine, Souverain de tous les Souverains de la terre, en la personne de Cao-tsou notre très-respecté Colao, nous prosternons en toute révérence & humilité devant tes pieds sacrés, & implorons ta très-puissante & gracieuse bénédiction pour nous, nos amis & notre empire.

Animé d'un grand desir de chercher dans

les monumens de l'antiquité, pour y recouvrer & apprendre la sagesse des siecles passés, bien informé que dans les dépôts sacrés de ta très-ancienne & vénérable hiérarchie, il y a des livres précieux qui, par leur grande antiquité, sont devenus inintelligibles, même à la plupart des Savans, & étant dans le dessein, autant qu'il dépend de nous, d'empêcher qu'ils ne soient entiérement perdus, nous avons jugé à propos de t'envoyer & d'autoriser par ces présentes, comme Ambassadeur auprès de ta sublime sainteté, Cao-tsou, notre Ministre très-savant & très-respecté, & nous l'avons chargé de te supplier de lui accorder la permission de lire & examiner lesdits manuscrits ; nous attendons de sa grande & rare connoissance dans les langues anciennes, qu'il sera en état d'interpréter tout ce qui s'y trouvera, fût-ce de l'antiquité la plus reculée & la plus obscure ; & nous lui avons ordonné de se jetter à tes pieds, & de te témoigner notre respect d'une maniere qui nous fait espérer que tu voudras bien accorder la grace que nous te demandons.

Je ne m'arrêterai pas, MY LORD, sur les particularités de son voyage, quoiqu'il en ait publié un Journal fort étendu, & qui contient beaucoup de choses surprenantes. Je le traduirai, suivant toute apparence, à mon retour en Angleterre, & le publierai en entier. Il suffit à présent de vous dire que lorsque Cao-tsou arriva dans les terres sacrées, la magnificence de son entrée & la richesse de ses présens, ne manquerent pas de lui procurer un accueil favorable : il obtint un appartement dans le college sacré, & un des plus savans Lamas l'aida dans ses recherches : il y séjourna environ six mois, pendant lesquels il eut la satisfaction de trouver beaucoup de pieces précieuses de l'antiquité ; il en fit des extraits très-curieux ; il forma des conjectures très-probables sur leurs auteurs, & sur le tems où elles ont été écrites, ce qui prouva qu'il avoit beaucoup de discernement, de pénétration & une prodigieuse érudition.

Mais la plus ancienne piece qu'il ait découverte & qu'aucun Lama depuis bien des siecles n'a été capable d'interpréter ou d'entendre, c'est un petit systême de morale écrit dans le langage & le caractere des anciens Gymnosophistes ou Bramines. Il n'a point prétendu déterminer qui en est l'auteur & en quel tems il a été composé; il l'a traduit tout entier; mais comme il l'avoue lui-même, il ne lui a pas été possible de rendre dans le Chinois la force & le sublime de son original. Les sentimens des Bonzes & des Docteurs sont fort partagés sur cet ouvrage. Ceux qui l'admirent davantage sont fort portés à l'attribuer à Confucius, leur grand Philosophe, & tranchent la difficulté qu'on leur oppose sur ce qu'il est écrit dans le langage & le caractere des anciens Bramines, en supposant que c'est seulement une traduction, & que l'original de Confucius est perdu. Quelques-uns veulent que ce soit les institutions de Lao-Kium, autre Philosophe chinois, contemporain de Confucius, & Fondateur de la secte de Tao-see; mais ils ont aussi à répondre à la même objection; il y en a d'autres qui prétendent reconnoître à des marques particulieres, & à certains sentimens qu'on y trouve, le Bramine Dandamis dont plusieurs Ecrivains Européens nous ont transmis la fameuse lettre à Alexandre-le-grand. Cao-tsou lui-même semble plus porté à admettre cette derniere opinion, & pense du moins que c'est l'ouvrage de quelque ancien Bramine, étant pleinement convaincu par l'énergie du style, que ce n'est pas une traduction; il y a cependant une chose, qui leur donne des doutes; c'est le plan qui est entiérement nouveau pour les Orientaux, & si différent de leurs écrits, que sans plusieurs tournures d'expressions particulieres à l'Orient, & l'impossibilité d'expliquer comment il auroit été écrit dans cet ancien langage, *beaucoup supposent que c'est l'ouvrage d'un Européen.*

Mais quel qu'en soit l'Auteur, le grand bruit qu'il fait dans cette ville, & par tout l'empire, l'empressement avec lequel il est lu de tout le monde, les grands éloges que plusieurs lui donnent, m'ont enfin déterminé à essayer de le traduire en Anglois, persuadé que ce seroit vous faire un présent agréable, & que vous le recevriez avec d'autant plus d'indulgence, que fort heureusement pour moi, vous ne pourriez pas juger combien ma traduction est au-dessous de l'original ; une chose néanmoins qu'il est peut-être nécessaire de justifier, c'est le style & la maniere dont je l'ai traduit. Je puis vous assurer, My Lord, *que quand je commençai la traduction, je n'avois pas la moindre intention de copier ce style ; mais l'élévation des pensées qui forment l'introduction, la grande énergie de l'expression, la précision des maximes, m'ont conduit naturellement à cette espece de style,*

& je pense qu'il m'a été de quelque avantage d'avoir eu sous les yeux en traduisant, d'aussi bons modeles que le livre de Job, les Pseaumes, les livres de Salomon & des Prophets.

Quelle que soit ma Traduction, si elle peut vous faire passer quelques momens agréables, je m'estimerai extrêmement heureux, & dans ma premiere Lettre, je finirai ce qui est relatif à ceci. Je suis,

MY LORD,

Votre très-humble, &c.

SECONDE LETTRE

A L'HONORABLE COMTE DE ***.

Pékin, 10 Janvier 1749.

MY LORD,

IL y avoit à peine un mois que j'avois eu l'honneur de vous adresser la Traduction du Traité de Morale trouvé dans les archives du grand Lama, & traduit d'une ancienne Langue orientale, par le savant Cao-tsou, que l'on découvrit un autre manuscrit aussi ancien sur la même matiere,

& *écrit dans la même langue (1). Son antiquité, ses caracteres, les maximes sublimes qu'il renfermoit, tout nous prouva qu'il étoit de la même main que le premier, & qu'en les réunissant, on pouvoit former le système de morale le plus complet & le plus intéressant.*

C'est ce qui m'a déterminé à entreprendre ce second travail, & je vous avoue que j'ai été également enchanté de la force des idées, & de la simplicité laconique du style. Ce seroit rendre sans doute un service important au Public, que de mettre au jour ce Manuel de Morale. Nos Européens qui se croient si anciens & si avancés dans toutes les sciences, ne seroient pas peu surpris de retrouver dans les Orientaux, dont ils estiment si peu les connoissances, de re-

———

(1) Le Manuscrit dont on parle ici est compris dans ce Manuel, & a fourni la matiere des cinq dernieres parties. Dans la Traduction Angloise on en a fait une seconde partie. Comme c'est une suite du premier ouvrage, je n'ai pas cru devoir l'en distinguer.

trouver, disje, la Morale la plus sublime, à l'époque où le reste de la terre languissoit encore dans la barbarie & l'ignorance.

Quoi qu'il en soit du vœu que je forme & que je pourrai voir un jour exaucé, je ne m'empresse pas moins à offrir ce nouvel hommage à vos lumieres, à vos vertus. Douter que vous l'accueillerez, ce seroit mettre en doute l'excellence de l'ouvrage, la justesse de votre esprit, & votre amour pour l'humanité. Je suis,

MY LORD,

Votre très-humble, &c.

P. S. *L'Introduction, qui est à la tête de ce Manuel, a été publiée par Cao-tsou & mise en tête de sa Traduction Chinoise.*

MANUEL
DE
TOUS LES AGES.

INTRODUCTION.

PROSTERNEZ-VOUS, habitans de la terre! foyez dans le filence, & recevez avec vénération l'inftruction du Très-Haut.

Par-tout où le foleil luit, par-tout où le vent fouffle, par-tout où il y a une oreille pour entendre & un efprit pour concevoir; que les préceptes de la vie foient connus, que les maximes de la vérité foient honorées & fuivies.

Tout vient de Dieu. Son pouvoir est sans bornes, sa sagesse est infinie, & sa bonté sera éternelle.

Le trône sur lequel il est assis est au centre, & de-là son souffle donne la vie au monde.

Il touche du doigt les astres, & ils s'empressent à décrire leur cours.

Porté sur les aîles du vent, sa volonté s'exécute dans toutes les régions de l'immensité.

L'ordre, la grace & la beauté sortent de sa main.

La voix de sa sagesse parle dans tous ses ouvrages ; mais l'intelligence humaine ne la comprend pas.

L'ombre du savoir s'efface de l'esprit de l'homme comme un rêve: Il voit comme dans les ténebres, raisonne & s'égare.

Mais la sagesse de Dieu est comme la lumiere du ciel: il ne raisonne pas, son esprit est la source de la vérité.

La juſtice & la miſéricorde ſe tiennent devant ſon trône; la bienveillance & l'amour regnent à jamais ſur ſa face.

Qui eſt ſemblable au Seigneur en gloire? qui eſt-ce qui diſputera en pouvoir avec le Tout-puiſſant? Quelqu'un lui eſt-il égal en ſageſſe? Quelqu'un peut-il lui être comparé en bonté?

Homme, c'eſt lui qui t'a créé; c'eſt lui qui a fixé ta demeure ſur la terre, les puiſſances de ton ame ſont des dons de ſa bonté; les merveilles de ton exiſtence ſont l'ouvrage de ſa main!

Ecoute ſa voix, elle eſt agréable; & celui qui lui obéit établira la paix dans ſon ame.

PREMIERE PARTIE.

Devoirs de l'homme considéré comme individu.

SECTION PREMIERE.

De la considération de soi-même.

RENTRE dans toi-même, ô homme, & considere pourquoi tu es fait. Contemple ta puissance, contemple tes besoins & tes rapports; c'est ainsi que tu découvriras les devoirs de la vie, & que tu seras dirigé dans toutes tes actions.

Ne parle point, n'agis point sans avoir pesé tes paroles, sans avoir examiné le but de chaque pas que tu veux faire: alors les disgraces fuiront loin de toi, la honte sera étrangere à ta maison, le repentir ne te visitera pas, & le chagrin ne flétrira point tes joues.

L'insensé ne retient point sa langue, il parle au hasard & se perd dans les folies qu'il dit.

Comme l'imprudent qui court avec trop de précipitation, peut tomber dans un abyme qu'il n'a pas apperçu, ainsi l'homme qui agit sans avoir pesé mûrement les suites de son action, attire sur lui des malheurs.

Ecoute donc la voix de la réflexion; ses paroles sont les paroles de la sagesse, elles te conduiront à la sûreté & à la vérité.

SECTION II.

De la Modestie.

QUI es-tu, ô homme, pour te vanter de ta sagesse, & te glorifier de tes connoissances ?

Le premier pas vers la sagesse, est de savoir que tu es ignorant ; & si tu ne veux pas passer dans l'esprit des autres pour un insensé, garde-toi bien de la folie de paroître sage dans ta propre opinion.

Comme un vêtement simple est celui qui donne le plus d'éclat à la beauté, un air décent est le plus bel ornement de la sagesse.

Le langage d'un homme modeste donne du lustre à la vérité ; & sa defiance de lui-même excuse ses erreurs.

Ne se fiant pas à sa propre sagesse,

il pese les conseils d'un ami, & sait en profiter.

Il ferme l'oreille à la louange, & ne la croit pas. Il est le dernier à découvrir ses perfections.

De même qu'un voile ajoute à la beauté, ses vertus sont relevées par l'ombre que sa modestie étend sur elles.

Mais, considere l'homme vain, & observe l'arrogant; il se couvre de riches habillemens, se montre dans les lieux les plus fréquentés, y promene ses regards de tous côtés, pour attirer sur lui, s'il étoit possible, tous ceux de la foule qui l'entoure.

Il marche la tête levée, regarde avec dédain le malheureux; il traite ses inférieurs avec insolence, mais ses supérieurs paient du mépris son orgueil, & rient de sa folie.

Il rejette le jugement des autres, n'agit que d'après le sien, & se trouve confondu.

Bouffi de vanité, son plus grand plaisir est de parler de lui, & de ramener à lui tous les discours.

Il dévore les louanges; & le flatteur vit à ses depens.

SECTION III.
De l'application.

PUISQUE les jours qui sont passés sont évanouis pour jamais, & que ceux qui sont dans l'avenir peuvent ne pas arriver jusqu'à toi, tu dois, ô homme, employer le tems présent, sans regretter la perte de celui qui est passé, ou sans compter trop sur celui qui est à venir.

Cet instant seul est à toi, le suivant est dans le sein de l'avenir, & tu ne sais pas ce qu'il peut amener.

Fais promptement ce que tu as résolu de faire : ne differe pas jusqu'au soir, ce que tu peux exécuter le matin.

La paresse est la mere du besoin & de la peine ; mais le travail de la vertu apporte le plaisir.

La main de la vigilance anéantit la

misere; la prospérité & les succès accompagnent l'homme industrieux.

Quel est celui qui a acquis des richesses, qui est devenu puissant, qui s'est couvert de gloire, dont l'éloge retentit par-tout, qui siege au conseil du Roi? C'est celui qui bannit la paresse de sa maison, & qui a dit à l'oisiveté : tu es mon ennemie.

Il se leve de grand matin, se couche tard : il fortifie son esprit par la méditation, & son corps par le travail ; & conserve la santé de tous deux.

L'homme paresseux est à charge à lui-même; les heures pesent & s'écoulent lentement sur sa tête; il s'amuse, & ne sait quoi faire.

Ses jours disparoissent comme l'ombre d'un nuage, qui ne laisse après lui aucune trace de son existence.

Son corps est la proie des infirmités causées par le défaut d'exercice ; il soupire après le mouvement, & il n'a pas la force de se remuer. Son esprit est dans les ténebres, ses pensées sont confuses; il desire de savoir, mais il ne peut s'appliquer : il voudroit manger l'amande, mais il craint la peine de casser le noyau.

Sa maison est dans le désordre; ses domestiques plongés dans la débauche livrent tout au pillage; il court à sa ruine; il le voit de ses yeux, l'entend de ses oreilles; il secoue la tête, souhaite la réforme, mais il n'a pas assez de fermeté pour l'exécuter. Il dort en paix, jusqu'à ce que sa ruine éclate tout-à-coup comme un tourbillon, & la honte & le repentir descendent avec lui dans son tombeau.

SECTION IV.

De l'Emulation.

SI ton ame brûle pour la gloire, fi ton oreille entend avec plaifir la voix de la louange, fors de la poufliere où tu naquis, & dirige tes efforts vers un but digne de louanges.

Le chêne qui étend à préfent fes branches vers les cieux, n'étoit qu'un gland dans les entrailles de la terre.

Tâche d'être le premier dans ta profeffion, quelle qu'elle foit: ne te laiffe furpaffer par perfonne pour faire le bien: n'envie pas néanmoins les talens d'un autre, mais perfectionne les tiens.

Dédaigne l'art d'abaiffer ton concurrent par des manœuvres indignes; ne cherche à t'élever au-deffus de lui que par la fupériorité du mérite: fi le fuccès t'abandonne quelquefois, la gloire te couronnera toujours.

Animé par une vertueuse émulation, l'esprit de l'homme s'exalte intérieurement; il soupire après la réputation, & se réjouit comme un coursier au milieu de sa carriere.

Il s'éleve comme le palmier en dépit de l'oppression ; semblable à l'aigle, il plane sous la voûte du ciel, & fixe ses regards sur l'éclat du soleil.

Les exemples des grands hommes se retracent dans ses songes, & son seul plaisir est de les suivre à son réveil.

Il forme de grands desseins, & se réjouit dans leur exécution; son nom se répand par tout l'univers.

Mais le cœur de l'envieux n'est que fiel & qu'amertume ; sa langue distille le venin; les succès de son voisin troublent son repos.

Il médite tristement dans sa maison, & le bien qui arrive aux autres est un mal pour lui.

La haine & la méchanceté rongent son cœur, & il ne trouve aucun repos dans lui-même.

Il ne sent dans son sein aucun amour pour le bien, & juge son voisin d'après lui.

Il s'efforce de déprimer ceux qui le surpassent, & n'interprete que méchamment toutes leurs actions.

Il veille sans cesse pour faire le mal, mais la haine des hommes le poursuit ; il est écrâsé comme l'araignée dans sa propre trame.

SECTION V.

De la Prudence.

ECOUTE les paroles de la prudence, suis ses conseils & rassemble-les dans ton cœur. Ses maximes sont universelles, toutes les vertus sont appuyées sur elle; elle est notre guide dans le cours de la vie humaine.

Donne un frein à ta langue, de peur que les mots qui s'en échappent ne détruisent ta tranquillité.

Que celui qui se moque du boiteux prenne garde de le devenir; quiconque parle avec plaisir des défauts des autres, entendra parler des siens avec honte.

Le babil excessif est inséparable du repentir; mais dans le silence est la sûreté.

Un babillard est incommode à la société, l'oreille est fatiguée de son caquet, le torrent de ſes mots étouffe la converſation.

Ne te vante pas, car c'eſt t'attirer le mépris; ne raille pas, car la raillerie eſt dangereuſe.

Une plaiſanterie amere eſt le poiſon de l'amitié; & celui qui ne peut retenir ſa langue vivra dans la peine.

Acquiers les talens conveñables à ta condition, ne dépenſe pas tout ce que tu poſſedes, afin que l'économie de ta jeuneſſe puiſſe te ſoulager dans ta vieilleſſe.

L'avarice eſt la mere des mauvaiſes actions, mais la frugalité eſt la ſûre gardienne de nos vertus.

Que tes affaires ſeules fixent ton attention, & laiſſe aux chefs le ſoin de l'Etat.

Que tes amuſements ne ſoient pas diſpendieux, de peur de payer un jour par la douleur le plaiſir que tu goûterois.

Que la proſpérité n'éteigne pas ta circonſpection, ni l'abondance ta frugalité; celui qui fe livre avec complaifance aux fuperfluités de la vie, vivra pour déplorer le défaut des chofes néceffaires.

Ne te fie à aucun homme avant que de l'avoir éprouvé; ne te défie pas non plus fans raifon, car c'eft manquer de charité. Mais quand tu as la preuve qu'un homme eft honnête, place-le dans ton cœur, comme un diamant d'un prix ineftimable.

Ne reçois point de faveurs d'une ame mercenaire, ne te lie point d'amitié avec le méchant; ils tendront des embûches à ta vertu, & feront naître la douleur dans ton ame.

N'emploie pas aujourd'hui ce qui peut t'être néceffaire demain. Ne laiffe pas au hafard ce que la prévoyance pouvoit te procurer, ou le foin prévenir.

Inftruit par l'expérience des autres, apprends à être fage: que leurs défauts fervent à corriger les tiens.

Cependant n'attends pas toujours de la prudence un fuccés infaillible, car le jour ne fait pas ce que la nuit peut apporter.

L'infenfé n'eft pas toujours infortuné, ni l'homme fage toujours heureux; mais jamais un infenfé n'eut une parfaite jouiffance, & jamais un homme fage ne fut entiérement malheureux.

SECTION IV.

De la Fermeté.

LES périls, les malheurs, le besoin, la peine, sont le partage de tout homme en naissant.

C'est donc à toi de fortifier de bonne heure ton esprit par le courage & la patience, afin que tu puisses supporter avec résolution la portion de calamité qui doit t'echeoir.

Tel que le chameau qui endure le travail, la chaleur, la faim & la soif au milieu des sables de l'Arabie, & ne succombe pas, un homme de courage soutiendra sa vertu dans les périls & le malheur.

Un esprit noble méprise la perfidie de la fortune; la grandeur de son ame ne peut être abattue.

Son bonheur ne dépend pas de ſes faveurs, & en conſéquence il ne ſera pas épouvanté de ſa diſgrace.

Il demeure ferme comme un rocher dans la mer, & le choc des vagues ne l'ébranle point.

Semblable à une tour élevée ſur la cime d'une montagne, il leve ſa tête altiere, & les traits de la fortune tombent à ſes pieds.

Dans l'inſtant du danger, le courage de ſon cœur le ſoutient, & la fermeté de ſon eſprit le lui fait ſurmonter.

Il lutte contre les maux de la vie, comme un homme qui court au combat & retourne avec les trophées de la victoire en main.

Accablé par les malheurs, ſa tranquillité en allege le poids, & par ſa conſtance il les ſurmonte.

Mais la lâcheté de l'homme timide le livre à la honte.

Tombé dans la pauvreté, il defcend bientôt à la baffeffe, & en fupportant les infultes avec une lâche patience, il invite à les multiplier.

Foible comme un rofeau qui eft fecoué par l'haleine du zéphir, l'ombre du mal le fait trembler; au moment du danger il eft embarraffé & confondu. Dans le jour du malheur il eft abattu, & le défefpoir anéantit fon ame.

SECTION VII.

Du Contentement.

N'OUBLIE pas, ô homme, que ton poste sur la terre est marqué par la sagesse du Très-Haut, qui connoît ton cœur, qui voit la vanité de tous tes souhaits, & qui souvent dans sa miséricorde rejette tes prieres.

Cependant sa bienveillance a établi dans la nature des choses une probabilité de succès pour tous les desirs raisonnables, pour tous les travaux qui ont un but honnête.

Si tu sens le mal-aise, si le malheur t'accable, vois d'où ces maux découlent; ta folie, ton orgueil, ton imagination égarée, voilà leur source.

Ne murmure donc pas contre les dons de Dieu; mais corrige ton cœur; ne dis pas en toi-même: si j'avois des richesses, le pouvoir ou le loisir, je serois heureux; car ces biens ont aussi leurs inconvéniens particuliers.

Le pauvre ne voit pas les peines ni les tourmens du riche; il ne sent pas les embarras ni les désagrémens de la puissance; il ne connoît pas le fardeau du loisir, & voilà pourquoi il se plaint de son partage.

N'envie donc à qui que ce soit le bonheur apparent dont il jouit, car tu ne connois pas ses peines secretes.

Etre content de peu, c'est le comble de la sagesse: celui qui veut augmenter ses richesses accroît ses inquiétudes; mais un esprit toujours content est un trésor caché, & un abri contre les chagrins.

Si les faveurs de la fortune ne bannissent pas de ton ame la justice, la tempérance, la charité ou la modestie; les richesses elles-mêmes ne te rendront pas malheureux.

Mais alors tu apprendras, que la coupe d'un bonheur pur & sans mêlange n'est jamais accordée au simple mortel.

La vertu est la carriere que Dieu lui a dit de courir, & le bonheur est le but de la lice : on ne peut y parvenir sans avoir fourni sa course, & reçu la couronne dans l'éternité.

SECTION VIII.

De la Tempérance.

LE plus sûr moyen d'arriver au bonheur sur la terre, est de jouir de la santé, de la sagesse, & de la paix de l'ame.

Si tu possedes ces biens, & que tu veuilles les conserver jusque dans la vieillesse, résiste aux attraits de la volupté & fuis ses tentations.

Quand elle répand ses délices, quand la liqueur brille dans sa coupe, quand elle te sourit & te persuade d'être gai & heureux : voilà le moment du danger, alors éveille ta raison, & tiens-toi constamment sur tes gardes; car si tu écoutes les paroles de son adversaire tu es trompé, abusé.

La joie qu'elle promet se change en tristesse, & sesplaisirs conduisent aux maladies & à la mort.

Regarde autour d'elle, jette les yeux sur ses convives, & observe ceux qui ont été séduits par ses sourires, qui se sont laissés entraîner à ses séductions.

Ne sont-ils pas maigres? ne sont-ils pas malades? ne sont-ils pas abrutis?

Leurs courts instans de joie & de débauche sont suivis des jours sombres de la tristesse. Elle a blâsé leurs goûts, de sorte qu'ils ne peuvent goûter avec aucun plaisir, même les mets les plus délicats. Ses disciples sont devenus ses victimes : sort funeste, mais juste, établi par Dieu dans l'ordre des choses pour la punition de ceux qui abusent de ses bienfaits.

Quelle est cette Divinité, qui parcourt la plaine d'un air content & avec tant de graces?

L'incarnat de la rose brille sur ses joues, la rosée du matin respire sur ses levres; la joie, tempérée par l'innocence & la modestie, étincelle dans ses yeux; & la gaieté qui regne dans son cœur lui fait chanter des airs auſſi légers, auſſi gracieux que ſes pas.

Son nom eſt la ſanté; elle eſt fille de l'exercice & de la tempérance; leurs enfans habitent les montagnes qui s'étendent ſur toutes les régions du Nord.

Ils ſont braves, actifs, gais, & partagent la beauté & les vertus de leur ſœur.

La vigueur fortifie leurs nerfs, la force eſt dans leurs os, & le travail eſt leur délice pendant tout le jour.

L'exercice excite leur appétit, & la tempérance les ſatisfait.

Combattre leurs paſſions eſt le but de leurs travaux, vaincre leurs mauvaiſes habitudes, eſt leur gloire.

Leurs plaiſirs ſont modérés, & c'eſt pourquoi ils les endurent: leur repos eſt court, mais profond & tranquille.

Leur ſang eſt pur, leur eſprit ſerein, & les Médecins ne connoiſſent pas le chemin de leurs habitations.

Mais la santé ne demeure pas avec les enfans des hommes, ni la sûreté ne se trouve pas dans leurs enceintes fermées de barrieres.

Considere-les exposés à des dangers toujours renaissans au-dehors, tandis qu'au-dedans un traître épie le moment de les trahir.

Leur santé, leur force, leur beauté, & leur activité, ont excité des desirs dans le sein de la volupté lascive.

Elle s'arrête dans son jardin, elle mendie leurs regards, elle répand les tentations.

Ses mouvemens sont doux, son air est délicat, sa parure est négligée; la coquetterie perce dans ses yeux, & sur son sein repose la tentation : elle leur fait signe du doigt, elle les provoque avec ses regards; & par la douceur de ses paroles, elle tâche de les attirer dans ses pieges.

Ah! fuis ses séductions, ferme les oreilles à sa voix enchanteresse; si tu rencontres le regard languissant de ses yeux, si tu entends la douceur de ses sons, si elle t'enlace de ses bras, elle t'enchaîne pour toujours.

La honte, les maladies, le besoin & le repentir l'accompagnent.

Affoibli par la volupté, énervé par la luxure, amolli par la paresse, tes jours ne seront pas longs, & ils seront sans gloire : tes chagrins seront fréquens & tu n'exciteras point la compassion.

DEUXIEME PARTIE.

Des Passions.

SECTION PREMIERE.

De l'Espérance & de la Crainte.

LES promesses de l'espérance sont plus douces que les roses en boutons, & flattent bien plus notre attente ; mais les menaces de la crainte sont cruelles pour le cœur.

Cependant ne te laisse pas séduire par l'espérance, & que la crainte ne te détourne pas de faire ce qui est juste : par-là tu seras préparé à supporter avec un courage égal tous les événemens.

Les terreurs de la mort n'existent pas pour les bons : que ta main ne soit pas souillée par le crime, & ton ame n'aura rien à craindre.

Que dans toutes tes entreprises, une confiance raisonnable soutienne tes efforts; si tu désesperes du succès, tu ne réussiras pas.

Que ton ame ne soit point accablée par de vaines terreurs, & que les vains fantômes de l'imagination n'alterent point ta fermeté. De la crainte dérive le malheur; mais celui qui espere s'aide lui-même.

Ainsi que l'autruche, lorsqu'elle est poursuivie, cache sa tête, & oublie le reste de son corps: le lâche emporté par ses craintes se livre au même danger, même en prenant des précautions.

Si tu crois une chose impossible, ton abattement la rendra telle; mais celui qui persévere surmontera toutes les difficultés.

Un vain espoir flatte le cœur de l'insensé: mais celui qui est sage ne s'y livre pas.

Laisse-toi guider par la raison dans tous tes desirs, & n'étends pas tes espérances au-delà des bornes de la probabilité : alors le succès suivra tes entreprises, & ton cœur ne sera pas tourmenté, si tu échoues.

SECTION II.

De la Joie & du Chagrin.

QUE ta gaieté ne soit pas extravagante, au point d'enivrer ton esprit; ni ta tristesse si noire, que ton cœur en soit abattu. Ce monde n'offre pas de biens si enchanteurs, ni de maux si cruels, que l'équilibre de la balance de la modération en doive être dérangé.

Vois la maison de *la joie :* elle est peinte au-dehors, tout y paroît gai ; tu peux en juger par l'allégresse bruyante qui s'y fait entendre.

La maîtresse est à la porte, elle provoque les passans par ses chants & ses éclats de rire : elle les invite à goûter les plaisirs de la vie ; si on l'en croit, ils ne sont point ailleurs que sous son toît.

Mais n'entre pas dans sa maison, &

ne t'affocie pas avec ceux qui la fréquentent.

Ils s'appellent les fils de la joie, ils rient, & paroiffent enivrés de délices; mais la trifteffe & la folie percent dans toutes leurs actions.

Le crime feul les unit, & leurs pas ne tendent qu'au mal: les dangers les affiegent de toutes parts, & l'abyme de la deftruction s'entr'ouvre fous leurs pieds.

Regarde à préfent de l'autre côté, & confidere cette vallée ombragée par les arbres: elle dérobe à la vue des hommes le féjour du *chagrin*.

Son fein eft gonflé par les foupirs, fa bouche s'exhale en lamentations, il aime à s'arrêter fur le tableau de la mifere humaine.

Il contemple fans ceffe les accidens ordinaires de la vie, & pleure: la foibleffe & la méchanceté des hommes font le fujet éternel de fes difcours.

Toute la nature lui paroît féconde en maux, fon imagination prête aux objets le voile noir dont elle eft couverte, & la voix de la plainte fe fait entendre, nuit & jour, dans fon lugubre afyle.

Garde-toi d'en approcher : fon haleine eft contagieufe elle corrompt les fruits & flétrit les fleurs qui ornent & parfument le jardin de la vie.

En évitant le maifon de la joie, prends garde de toucher le feuil de cet affreux domicile : mais fuis avec foin le fentier du milieu, il te conduira par une pente agréable à la demeure du *contentement*.

La paix, la fûreté & la tranquillité repofent avec lui; il eft gai fans être extravagant, férieux fans être grave, il voit les plaifirs & les chagrins de la vie, avec un air ferme & ferein.

De-là, comme d'une montagne élevée, tu contempleras la folie & la mifere de ceux qui, entrainés par la gaieté de leur cœur, voltigent fans ceffe avec les compagnons de leurs plaifirs licencieux, & de ceux qui, dévorés par la fombre mélancolie, paffent leurs jours à pleurer les calamités de la vie humaine.

Tu verras les uns & les autres avec pitié : inftruit par leur erreur, tu ne craindras pas de t'égarer.

SECTION III.

De la Colere.

COMME l'orage dans sa fureur, arrache les arbres, & change la face de la nature, ou comme un tremblement de terre dans sa violence, renverse des villes ; ainsi la rage & la colere d'un homme répandent le malheur autour de lui, le danger & la destruction sont à sa suite.

Considere & n'oublie pas ta propre foiblesse, & tu pardonneras les fautes des autres.

Ne te livre pas à ton penchant à la colere : c'est tirer une épée pour blesser ton sein ou assassiner ton ami.

Si tu supportes avec patience des offenses légeres, tu seras regardé comme un sage, & si tu les chasses de ton souvenir, ton cœur goûtera le repos, ton esprit ne sera troublé par aucun remords.

Ne vois-tu pas que l'homme irrité perd son jugement? Pendant que tu conserves le tien, que la folie d'autrui te serve de leçon.

Ne fais rien dans la passion : voudrois-tu t'exposer à la mer, dans la violence de la tempête?

S'il t'est difficile de modérer ta colere, il est sage de la prévenir: évite donc toutes les occasions qui peuvent la faire naître, ou sois en garde contre elles, lorsqu'elles se présentent.

Un insensé s'offense des paroles insolentes, mais le sage en rit & les méprise.

Ne nourris point la vengeance dans ton cœur, elle corrompra tes meilleures dispositions.

Sois toujours prêt plutôt à pardonner, qu'à rendre une injure; quiconque épie l'occasion de se venger se dresse des embûches à lui-même, & attire le malheur sur sa tête.

Une réponse faite avec douceur à un homme irrité, éteint sa colere, comme l'eau jettée sur le feu diminue sa violence : & d'ennemi il devient ton ami.

Considere combien peu de choses méritent ta colere, & tu verras alors que les emportemens ne conviennent qu'à des foux.

C'est le signe de la foiblesse, & de la folie; mais à la suite, la folie traîne toujours le repentir.

SECTION IV.

De la Pitié

COMME la verdure & les fleurs font répandues fur la terre, par la main du printems, comme l'influence bienfaifante de l'été enrichit les campagnes de moiffons, ainfi le fourire de la pitié répand fes bénédictions fur les enfans du malheur.

Celui qui a pitié d'un autre, fait l'éloge de fon ame ; mais celui qui eft fans compaffion, n'en mérite pas.

Le boucher ne ralentit pas fes coups en entendant le trifte bêlement de l'agneau, ni un cœur cruel n'eft pas touché par la mifere.

Mais les larmes du miféricordieux font plus douces, que la rofée qui tombe des rofes dans le fein de la terre.

Ne ferme donc jamais l'oreille aux

cris du pauvre, n'endurcis pas ton cœur contre les calamités de l'innocent.

Quand l'orphelin t'appelle, quand le cœur de la veuve est abattu, & qu'elle implore ton assistance par les larmes ; ô prends pitié de son affliction, & tends la main à ceux qui n'ont personne pour les secourir.

Quand tu vois le misérable tout nu roder dans les rues, & tremblant de froid, n'avoir aucun asyle, que ta bonté lui ouvre ton cœur, que les aîles de la charité lui donnent un abri contre la mort, afin que ton ame puisse vivre.

Pendant que le pauvre gémit sur le lit de la mort, pendant que l'infortuné languit dans les horreurs d'une prison, ou qu'une tête blanchie par les années leve un œil foible pour implorer ta pitié: ô comment peux-tu te livrer à l'excès du plaisir, sans égard à leurs besoins, sans ressentir leurs maux ?

SECTION V.

Du Desir & de l'Amour.

JEUNE homme défie-toi des attraits de la volupté, ne te laisse pas séduire par les délices que t'offre la femme débauchée. Le desir insensé s'égare dans sa poursuite, & la passion aveugle conduit à la destruction.

N'abandonne donc pas ton cœur à ses charmes dangereux, & ne deviens pas l'esclave de ses perfides enchantemens.

La fontaine de la santé qui doit fournir la source du plaisir sera bientôt tarie, & chaque source de joie épuisée.

A la fleur de ton âge, les maux de la vieillesse te surprendront : le soleil de ta vie déclinera à son aurore.

Mais quand la vertu & la modestie embellissent ses charmes, l'éclat d'une belle femme furpaffe celui des étoiles, & c'eft en vain qu'on réfifte à l'influence de fon pouvoir.

La blancheur de fon fein l'emporte fur le lis ; fon fourire eft plus délicieux qu'un jardin de rofes.

L'innocence qui fe peint dans fon œil eft celle de la colombe ; la fimplicité & la vérité repofent dans fon cœur.

Les baifers de fa bouche font plus doux que le miel ; les parfums de l'Arabie s'exhalent de fes levres.

Ne ferme pas ton fein à la douceur, la pureté de fa flamme ennoblira ton cœur & l'adoucira, pour recevoir les plus délicieufes impreffions.

TROISIEME PARTIE.

De la Femme.

PRETE ton oreille, ô brillante fille de l'amour! aux inftructions de la prudence, & que les préceptes de la vérité fe gravent profondément dans ton cœur; alors les charmes de ton efprit ajouteront un luftre à ta beauté, & femblable à la rofe, elle confervera fa douceur, lors même que fon éclat fera flétri.

Dans le printems de ta jeuneffe, au matin de tes jours, quand les yeux des hommes fe fixeront fur les tiens avec délices: ah! écoute avec précaution leur langage féducteur; garde bien ton cœur, & qu'il ne s'enivre pas de leurs douces flatteries.

Souviens-toi que tu fus faite pour être

la compagne raisonnable de l'homme, & non pas l'esclave de ses passions.

La fin de ton être, est de l'assister dans les fatigues de la vie, de l'encourager par ta tendresse, & de récompenser ses soins par de douces caresses.

Quelle est celle qui gagne le cœur de l'homme, le soumet à l'amour, & regne dans son sein ?

La voilà ? elle marche avec timidité, l'innocence est dans son ame, la modestie brille sur ses joues.

Sa main cherche le travail, & ses pas ne volent point après les plaisirs du monde.

Vêtue avec propreté, elle se nourrit avec sobriété ; l'humilité & la douceur forment une coronne de gloire autour de sa téte.

Sa langue ne fait entendre que d'harmonieux sons, & la douceur du miel coule de ses levres.

La décence regne dans toutes ses

paroles, la candeur & la vérité brillent dans toutes fes réponfes.

La foumiffion & l'obéiffance font les leçons de fa vie; la paix & le bonheur font fa récompenfe.

La prudence marche devant elle; la vertu l'accompagne.

Son regard doux a le langage de l'amour ; mair la difcrétion eft placée fur fon front.

La langue de l'homme licentieux eft muette en fa préfence; le refpect pour fa vertu lui commande le filence.

Quand le fcandale fe répand, quand la calomnie déchire la réputation de fon femblable ; fi la charité & fon bon naturel ne lui ouvrent pas la bouche, le doigt du filence refte fur fes levres.

Son fein eft l'afyle de la bonté, elle ne foupçonne donc pas le mal dans les autres.

Heureux l'homme qui en fera fa

femme ! heureux l'enfant qui l'appellera sa mere !

Elle préside dans sa maison, & la paix y regne ; elle commande avec jugement, & elle est obéie.

Elle se leve de bonne heure ; elle examine ses affaires & donne à chacun l'occupation qui lui convient.

Le soin de sa famille est son plaisir unique ; lui seul fixe son attention, & l'élégance avec la frugalité se rencontrent dans sa demeure.

La prudence de sa conduite fait l'honneur de son mari, & il entend ses louanges dans un silence délicieux.

Elle forme l'esprit de ses enfans à la sagesse, & son exemple y grave les bonnes mœurs.

Ses paroles sont la loi de leur jeunesse ; un seul de ses regards est un ordre pour leur obéissance.

Elle parle, & ses domestiqnes volent ; elle leur montre, & la chose est faite; car la loi de l'amour eft dans leur cœur, fa bonté donne des aîles à leurs activité.

Dans la profpérité, elle n'eft point enflée d'orgueil; dans l'adverfité, elle guérit les plaies de la fortune par la patience.

Les peines de fon mari font allégées par fes confeils, & adoucies par fes careffes. Il dépofe fon cœur dans fon fein, & reçoit de la confolation.

Heureux l'homme qui l'a pour époufe! Heureux l'enfant qui l'appelle fa mere!

QUATRIEME PARTIE.

De la Consanguinité ou des proches parens.

SECTION PREMIERE.

Du Mari.

PRENDS une femme & obéis a l'ordre de Dieu; prends une femme & deviens un membre fidele de la société.

Mais examine avec soin, & ne te fixe pas trop promptement; car du choix de ta compagne dépend ton bonheur futur & celui de ta postérité.

Si elle sacrifie beaucoup de son tems à sa parure, si elle est éprise de sa beauté, si la louange plaît à son cœur, si elle rit beaucoup & parle haut, si elle n'est pas sédentaire dans la maison paternelle, fi fes yeux fe fixent avec hardieffe fur les hommes; fa beauté égalât-elle le foleil brillant dans la voûte des cieux, détourne les yeux de fes charmes, fuis fes traces, & que ton ame ne foit point égarée par l'illufion perfide dont fe nourrit ton imagination.

Mais lorfque tu trouveras la fenfibilité du cœur réunie à la douceur des manieres, un efprit accompli joint à des traits qui plaifent à tes regards, voilà la femme digne de ton cœur; ouvre lui ta maifon, elle eft digne d'être ton amie, d'être ta compagne & l'objet de ton attachement, pendant tout le cours de ta vie.

O chéris-la, comme une bénédiction envoyée du ciel! Que la douceur de ta conduite te rende cher à fon cœur!

Elle eft la maîtreffe de ta maifon; traite-la donc avec refpect, afin que tes domeftiques lui obéiffent.

Ne t'oppofe pas fans raifon à fes

desirs; elle partage tes inquiétudes, qu'elle partage aussi tes plaisirs.

Reprends ses fautes avec bonté, n'exige pas sa soumission avec rigueur.

Dépose tes secrets dans son sein; ses conseils sont sinceres, tu ne seras pas trompé.

Sois fidele à sa couche, car elle est la mere de tes enfans.

Quand la douleur ou la maladie l'accablent, que ta tendresse adoucisse son affliction; un regard de pitié ou d'amour échappé de ton œil allégera son chagrin, diminuera sa douleur, & sera plus efficace que dix Médecins.

Considere la délicatesse de son sexe, la fragilité de son corps, & ne sois pas trop sévere pour sa foiblesse; mais souviens-toi de tes propres imperfections.

SECTION II.

Da Pere.

CONSIDERE, ô toi, qui es pere, l'importance de ton dépôt; il est de ton devoir de soutenir l'être que tu as produit; c'est de toi que dépend le sort de ton enfant

C'est de toi qu'il dépend d'en faire l'appui ou le fléau de tes jours, un membre utile ou indigne de la société.

Prépare-le donc en l'instruisant dès son enfance, & fais-lui goûter de bonne heure les maximes de la vérité.

Epie le moment où doivent naître ses inclinations; conduis-le bien dans sa jeunesse, & ne laisse pas les mauvaises habitudes accroître & se fortifier avec ses années.

Ainsi il s'élevera comme un cedre sur

les montagnes, fa tête paroîtra au deſſus de tous les arbres de la forêt.

Un fils méchant eſt un reproche perpétuel pour ſon pere; mais celui qui ſe comporte bien, fait honneur à ſes cheveux gris.

Le terrein eſt à toi, ne le laiſſe pas inculte; la ſemence que tu y auras répandue, ſera celle que tu recueilleras.

Apprends-lui à obéir & il te bénira; apprends-lui à être modeſte, & il ne ſera jamais confondu.

Apprends-lui à être reconnoiſſant, & on s'empreſſera de l'accabler de bienfaits; apprends-lui à être charitable, & il ſera chéri de tout le monde.

Enſeigne-lui la tempérance, & il jouira de la ſanté; enſeigne-lui la prudence, & la fortune le ſuivra; apprends-lui à être juſte, & le monde l'honorera. Qu'il ſoit ſincere, ſon cœur ne lui reprochera rien. Apprends-lui à être vigilant & ſon bien augmentera.

Apprends-lui à être bienfaisant, & son esprit sera élevé; instruis-le dans les sciences, & sa vie sera utile; montre-lui sa religion, & sa mort sera heureuse.

SECTION III.
Du Fils.

QUE l'homme apprenne la sagesse de tous les êtres que créa la Divinité, & qu'il profite des instructions qu'ils lui donnent.

Va au désert, mon fils, observes-y la jeune cigogne, laisse-la parler à ton cœur : elle porte sur ses aîles l'auteur de ses jours, dans sa vieillesse le loge sûrement, & lui fournit sa nourriture.

La piété filiale d'un enfant est plus douce que l'encens du Guebre offert au soleil, plus délicieuse que les odeurs qu'amene le vent du midi des champs aromatiques de l'Arabie.

Sois donc reconnoissant envers ton pere, car il t'a donné la vie; sois-le pour ta mere, car elle t'a porté dans son sein.

Ecoute les paroles qui sortent de sa bouche, car il te parle pour ton bien; écoute ses conseils, ils sont dictés par l'amour.

Il a veillé pour ton bonheur, il a travaillé pour ton bien-être; honore donc son âge & ne souffre pas que ses cheveux gris soient traités avec irrévérence.

Rapelle-toi la foiblesse de ton enfance, les égaremens de ta jeunesse, & supporte les infirmités de tes parens dans leur vieillesse; assiste-les, soutiens-les sur le déclin de leurs jours.

Ainsi leur tête blanchie descendra en paix dans la tombe, & tes enfans imitant ton exemple, te récompenseront de ta piété par un amour filial.

SECTION IV.

Des Freres.

Vous êtes les enfans du même pere, pourvus également par ses soins, & le sein de la même mere vous a tous allaités.

Que les liens de l'affection t'unissent donc avec tes freres, afin que la paix & le bonheur puissent habiter la maison paternelle.

Lorsque tu seras séparé d'eux dans le monde : souviens-toi de ces liens, & ne préfere pas un étranger à ton propre sang.

Si ton frere est dans l'adversité, vole à son secours ; si ta sœur est dans la peine, ne l'abandonne pas.

Ainsi la fortune de ton pere contribuera au soutien de toute sa race, &

ses soins seront continués pour vous tous, même après sa mort, par votre attachement l'un pour l'autre.

CINQUIEME PARTIE.

Différences accidentelles qui se rencontrent entre les hommes.

SECTION PREMIERE.
Du Sage & de l'Ignorant.

LES dons de l'entendement sont des tréfors de Dieu, & il donne à chacun sa portion dans la mesure qui lui paroît convenable.

A-t-il doué ton esprit de sagesse? l'a-t-il éclairé par la connoissance de la vérité? Communique tes connoissances à l'ignorant pour son instruction; communique-les au sage pour ton avancement.

La vraie sagesse n'a point l'orgueil de la folie; l'homme sage doute souvent,

& change ſes opinions ; le fou eſt obſtiné, & ne doute de rien, il connoît tout, excepté ſa propre ignorance.

L'orgueil de la nullité eſt inſupportable, & parler beaucoup eſt la manie du fou ; c'eſt cependant le devoir de la ſageſſe, de ſupporter l'impertinence des foux, d'écouter leurs abſurdités avec patience, & d'avoir pitié de leur foibleſſe.

Ne t'énorgueillis pas néanmoins dans ton intérieur; ne te vante pas de poſſéder un eſprit élevé : le ſavoir le plus étendu n'eſt qu'aveuglement & folie.

Le ſage ſent ſes imperfections, & en eſt humilié; le fou ſe contemple, s'admire, expoſe ſes ſottiſes comme des gentilleſſes, & ſavoure avec délices les applaudiſſemens de ſes ſemblables.

Il ſe vante de ſes recherches ſur des objets minutieux, & ne fait rien de ceux qu'on ne peut ignorer ſans honte.

Lors même que le haſard le porte

dans les sentiers de la sagesse, il court après la folie ; la honte & les regrets sont la récompense de ses travaux.

Mais le sage orne son esprit de connoissances réelles. Perfectionner les arts, voilà ses délices ; & l'utilité qu'en retire le public, le comble d'honneur.

Néanmoins il regarde comme le plus haut degré du savoir, d'acquérir des vertus, & la science du bonheur est l'étude de sa vie.

SECTION II.

Du Riche & du Pauvre.

L'HOMME à qui Dieu a donné des richesses & un esprit pour les bien employer, est particuliérement favorisé du ciel, & honorablement distingué sur la terre.

Il regarde avec plaisir sa fortune, parce qu'elle lui offre les moyens de faire le bien. Il protege les pauvres qu'on maltraite ; il ne souffre pas que l'homme puissant opprime le foible.

Il cherche des objets de compassion ; il s'informe de leurs besoins, & les soulage avec discernement & sans ostentation.

Il assiste & récompense le mérite, il encourage l'industrie, & sa libéralité hâte les succès de tous les projets utiles.

Il exécute de grands travaux, il

enrichit son pays, & l'ouvrier est employé; il imagine des plans nouveaux, & les arts se perfectionnent.

Il regarde les superfluités de sa table, comme la propriété des pauvres, & ne les en frustre pas.

Sa bienveillance n'est pas altérée pas sa fortune, il se réjouit de l'accroissement de ses richesses, & sa joie est sans reproche.

Mais malheur à celui qui amasse des richesses en abondance, & veut seul en jouir.

Il foule le pauvre à ses pieds, & ne s'en émeut pas; la ruine de son frere ne l'arrête pas.

Il boit les larmes de l'orphelin comme du lait. Les cris de la veuve sont une musique harmonieuse à son oreille; son cœur est endurci par l'amour des biens; nuls chagrins, nulle misere ne peuvent lui faire impression.

Mais la malédiction de l'iniquité le pourfuit, il vit dans des alarmes continuelles ; l'anxiété de fon ame, & fes defirs dévorans, exercent une cruelle vengeance fur lui-même, & expient les calamités dont il accable les autres.

Eh ! que font les miferes de la pauvreté, comparées aux tourmens qui déchirent le cœur de cet homme !

Oui, que le pauvre fe confole, qu'il fe réjouiffe même ; car il a beaucoup de motifs de joie.

Il mange en paix à fa table frugale ; elle n'eft pas entourée de flatteurs ni de parafites.

Il n'eft pas embarraffé d'une foule de protégés, ni fatigué des clameurs de la follicitation ; privé des friandifes du riche, il échappe auffi aux maladies qu'elles entraînent.

Le pain qu'il mange n'eft-il pas agréable à fon goût ? L'eau qu'il boit n'eft-elle pas agréable à fa foif ? Elle est plus délicieuse que les liqueurs les plus recherchées du voluptueux.

Le travail conserve sa santé, & lui procure le repos que ne connoît point le paresseux, agité, mécontent sur son duvet.

Il limite ses desirs avec humilité, & le calme du contentement est plus doux à son ame, que l'acquisition des richesses & de la grandeur.

Que le riche ne s'enorgueillisse donc point de ses richesses, que le pauvre ne se laisse point abattre par la misere; car la Providence distribue le bonheur à tous deux, & la distribution en est plus également faite, que l'insensé ne l'imagine.

SECTION III.

Des Maîtres & des Domestiques.

NE murmure pas, ô homme, de servir un autre homme; c'est le sort que le ciel te destine, & il a plusieurs avantages; il éloigne de toi les soins & les inquiétudes de la vie.

L'honneur d'un domestique est sa fidélité; ses plus grandes vertus sont la soumission & l'obéissance: endure donc patiemment les réprimandes de ton maître; quand il te rebute, ne lui réponds pas.

Le silence de ta résignation ne sera pas oublié. Sois soigneux pour ses intérêts, diligent pour ses affaires, & fidele à la confiance qu'il met en toi.

Ton tems & ton travail lui appartiennent; ne l'en frustre donc pas, car il te paie pour les lui consacrer.

Toi qui es maître, fois jufte pour ton domeftique, fi tu en attends la fidélité ; fois raifonnable dans tes commandemens, fi tu en attends l'obéiffence.

L'efprit de l'homme eft en lui; la févérité & la rigueur qui engendrent la crainte, ne peuvent commander fon amour.

Adoucis les réprimandes par la bonté, joins la raifon à l'autorité, alors tes remontrances trouveront place dans fon cœur, & fon devoir deviendra fon plaifir.

Il te fervira fidelement par reconnoiffance, il t'obéira gaiement par amour, & ne manque pas de payer par un jufte retour fa vigilance & fa fidélité.

SECTION IV.

Des Magistrats & des Sujets.

O TOI, le favori du Ciel, que les fils des hommes, tes égaux, ont élevé au souverain pouvoir, & établi comme l'ordonnateur de leur conduite ; considere la fin & l'importance de ton dépôt, bien plus que la dignité & la grandeur de ton emploi.

Tu es vêtu de pourpre, tu es assis sur un trône ; la couronne royal ceint ton front ; le sceptre du pouvoir repose dans tes mains ; mais ce n'est pas pour toi que tu reçus toutes ces marques, ni pour t'en servir à ton usage seul, mais pour le bien de ton royaume.

La gloire d'un Roi est le bien-être de ses Sujets ; son pouvoir est dans leur cœur.

L'esprit d'un grand Prince s'exalte

par la grandeur de fa place; il imagine de vaftes projets, & cherche des entreprifes digne de fon pouvoir.

Il affemble tous les hommes expérimentés de fon royaume, il les confulte en leur laiffant la liberté d'opiner & écoute l'avis de chacun.

Il étudie fon peuple avec difcernement, il découvre les qualités de fes fujets, & les emploie fuivant leur mérite.

Ses Magiftrats font juftes, fes Miniftres fages, & le favori de fon cœur ne le trompe pas.

Il fourit aux arts, & ils fleuriffent; les fciences fe perfectionnent, cultivées par fa main.

Il fe plaît avec les favans & les hommes induftrieux; il allume l'émulation dans leur cœur, & la gloire de fon royaume s'accroît par leurs travaux.

L'ardeur du négociant qui étend fon commerce, l'induftrie du Fermier qui améliore ses terres, les découvertes de l'artiste, les chefs-d'œuvre du génie, attirent ses faveurs, & sont comblés de ses récompenses.

Il fonde de nouvelles colonies, il construit de forts navires, il ouvre au commerce intérieur des rivieres, il creuse des ports pour la sûreté de ses flottes; son peuple abonde en richesses, & la force de son royaume augmente.

L'équité & la sagesse président à ses réglemens; ses sujets jouissent en paix du fruit de leur travail, & leur bonheur consiste dans l'observation de la loi.

Il fonde ses jugemens sur des principes de clémence; mais pour la punition du coupable, il est strict & impartial.

Ses oreilles sont toujours ouvertes aux plaintes de ses sujets, il arrête la main de leurs oppresseurs, & les délivre de leur tyrannie.

Son peuple le regarde comme un pere, avec respect & amour; il le considere comme le gardien de tout ce qu'il possede.

L'affection de ses sujets pour lui, engendre dans son cœur l'amour du bien public; lui seul est l'objet de ses soins.

Aucun murmure ne s'éleve contre lui dans leurs cœurs; les trames de ses ennemis ne jettent pas son Etat dans le danger.

Ses sujets son fideles & fermes pour sa défense; ils sont inébranlables comme un mur d'airain; l'armée de son ennemi fuit devant lui, comme la paille qu'emporte le vent.

La sécurité & la paix regnent dans les habitations de son peuple, & la gloire & la force entourent pour jamais son trône.

SIXIEME PARTIE.

Des Devoirs de la Société.

SECTION PREMIERE.
De la Bienveillance.

QUAND tu consideres tes besoins, quand tu regardes tes imperfections, reconnois ! ô homme, la bonté de celui qui t'honora de la raison, qui te doua de la parole, qui te plaça dans la société pour recevoir & donner ces secours mutuels, qui allegent le fardeau de la vie.

Ta nourriture, ton habillement, la commodité de ta demeure, ta sûreté contre les violences, tes consolations, les plaisirs de ta vie, tu dois tout à l'assistance des autres, & tu ne peux en jouir que dans les liens de la société.

Il est donc de ton devoir d'être sociable, parce qu'il est de ton intérêt, que les hommes soient humains pour toi.

Comme la rose tient de sa nature le parfum qu'elle exhale, ainsi le cœur de l'homme bienfaisant produit naturellement de bonnes actions.

Il jouit de la tranquillité de sa propre conscience ; il jouit encore du bonheur & de la prospérité de son voisin ; il n'ouvre point son oreille à la médisance ; les fautes & les malheurs des hommes affligent son cœur.

Son désir est de faire le bien, & il en cherche les occasions ; en soulageant l'accablement de son semblable, il se soulage lui-même.

Son ame sublime embrasse dans ses souhaits le bonheur de tous les hommes, & son cœur généreux s'efforce de le leur procurer.

H

SECTION II.

De la Justice.

LA paix de la société dépend de la justice, & le bonheur des individus, de la certitude de jouir de toutes leurs possessions.

Restreins les desirs de ton cœur dans les bornes de la modération; que la main de la Justice les arrête dans leur essor.

Ne jette pas un œil d'envie sur les biens de ton voisin : qu'elle que soit sa propriété, qu'elle soit sacrée pour toi.

Résiste aux appâts de la tentation, & que jamais aucune insulte ne te porte à mettre sa vie en danger.

Ne diffame pas son caractere; n'invoque pas la voix d'un faux témoin contre lui.

N'engage pas son domestique à le

tromper ou à le quitter, & ne féduis pas fa femme pour la faire fuccomber.

Ce feroit une peine pour fon cœur, que tu ne pourrois jamais réparer.

Dans tes affaires avec les hommes fois impartial & jufte, & fais-leur ce que tu voudrois qu'ils fiffent pour toi.

Sois fidele à ta promeffe, & ne trompe pas l'homme qui compte fur toi ; fois affuré qu'aux yeux de Dieu, le vol eft moins que la trahifon.

N'opprime pas le pauvre, & ne fruftre pas de fon falaire l'ouvrier.

Quand tu vends pour gagner, écoute la voix de ta confcience, & fois fatisfait d'un gain modique ; ne tire pas avantage de l'ignorance de l'acheteur.

Paie exactement tes dettes, car celui qui t'a donné crédit, comptoit fur ta parole, & le tromper eft vil & injufte.

Examine ton cœur, enfant de la fociété, appelle ta mémoire à ton fecours, & fi tu te trouves coupable d'avoir violé aucun de ſes préceptes, ſois-en triſte, ſois-en honteux, & répare tes fautes promptement, & autant qu'il eſt en ton pouvoir.

SECTION III.
De la Charité.

HEUREUX l'homme qui développe dans son cœur le germe de la bienfaisance; les fruits en seront la charité & l'amour.

Semblable à une source intarissable, son cœur verse sans cesse des bienfaits sur tout le genre-humain.

Il assiste le pauvre dans sa peine; il se réjouit en augmentant la prospérité de tous les hommes.

Il ne censure pas son voisin, il ne croit pas les contes de l'envie & de la méchanceté & ne répete pas leurs calomnies.

Il pardonne les injures des hommes & les bannit de son souvenir; la vengeance & la méchanceté n'ont pas de place en son cœur.

« Pour le mal, il ne rend pas le mal ; il ne hait pas fes ennemis, mais il paie leurs injuftices par des avis que dicte l'amitié

Les peines & les inquiétudes des hommes excitent fa compaffion ; il tâche d'alléger le poids de leurs maux, & le plaifir du fuccès eft la récompenfe de fes efforts.

Il calme le furieux, il appaife les querelles des hommes irrités, & previent les malheurs qu'entraînent la difpute & l'animofité.

Il faît fleurir dans fon voifinage la paix & la bienveillance, & l'on ne prononce fon nom, qu'en l'accompagnant de louanges & de bénédictions.

SECTION IV.

De la Reconnoissance.

COMME les branches d'un arbre rendent leur seve à la racine qui la leur fournit ; comme une riviere verse dans l'Océan les eaux dont il enrichit tous les jours sa source ; de même le cœur d'un homme reconnoissant, se réjouit en rendant un bienfait qu'il a reçu.

Il reconnoît son obligation avec plaisir, il regarde son bienfaiteur avec amour & estime. Si le rendre n'est pas en son pouvoir, il en nourit soigneusement le souvenir dans son cœur, & chaque jour de sa vie le lui rappelle.

La main de l'homme généreux est semblable aux nuages qui répandent sur la terre, les fruits, les plantes & les fleurs ; le cœur d'un ingrat est semblable à un désert de sable, qui engloutit avec avidité dans son sein stérile, les pluies que le ciel envoie.

N'envie pas le sort de ton bienfaiteur ; n'essaie pas de cacher ses bienfaits ; car quoiqu'il soit plus agréable d'obliger que d'être obligé, quoiqu'un trait de générosité commande l'admiration, cependant l'humilité de la gratitude touche le cœur, & est agréable aux yeux de Dieu & de l'homme.

Mais ne reçois pas une faveur de la main de l'orgueilleux ; ne contracte aucune obligation envers l'avaricieux ; la vanité de l'orgueil t'exposeroit à la honte, & la cupidité de l'avarice ne seroit jamais satisfaite.

SECTION V.

De la Sincérité.

O TOI, que les charmes de la vérité raviffent, toi que fon air naïf & fimple enchante, jure-lui une fidélité inviolable, & ne l'abandonne jamais ; la conftance de ta vertu te couronnera de gloire.

La langue de l'homme fincere a fa racine dans fon cœur ; l'hypocrifie ni l'impofture ne dictent jamais fes paroles.

Il rougit d'un menfonge & eft confondu : mais en parlant le langage de la vérité, fon regard eft affuré.

Il foutient en homme la dignité de fon caractere, mais il a un profond mépris pour les artifices de l'hypocrifie.

Il eft toujours d'accord avec lui-même & n'eft jamais embarraffé. Il a du courage pour parler vrai, mais il tremble pour mentir.

Il est fort au-dessus de la bassesse de la dissimulation ; les paroles de sa bouche sont les pensées de son cœur.

Cependant ce n'est qu'avec prudence & circonspection qu'il ouvre la bouche; il étudie ce qui est juste, & le dit avec discrétion.

Il conseille avec amitié il reprend avec liberté, & quelque chose qu'il promette, il l'accomplit exactment.

Mais le cœur de l'hypocrite est caché dans son sein ; il masque ses paroles de l'apparence de la vérité, pendant que tromper est l'unique occupation de sa vie

Il rit dans la peine, il pleure lorsqu'il se réjouit intérieurement, & ses paroles sont troujours équivoques.

Il travaille dans l'obscurité, comme la taupe, & s'imagine qu'il est en sûreté; mais la lumiere paroît tout-à-coup,

& il est exposé à tous les regards, la face couverte d'opprobres.

Il traîne ses jours dans une contrainte perpétuelle, sa langue & son cœur sont toujours en contradiction.

Il voudroit passer pour un homme droit, lorsqu'il n'est que malice au-dehors.

Insensé ! avec les peines que tu prends pour cacher ce que tu es, tu deviendrois aisément ce que tu veux paroître. Les enfans de la sagesse se moqueront de ta finesse, & lorsque ton masque tombera, le doigt de la dérision te montrera à tous les yeux, pour te vouer à un opprobre éternel.

SEPTIEME PARTIE.

De la Religion.

IL n'y a qu'un Dieu, l'auteur, le créateur, le gouverneur du monde, puissant, éternel & incompréhensible.

Le soleil n'st pas Dieu, quoiqu'il soit sa plus noble image ; il éclaire le monde par sa lumiere brillante, sa chaleur donne la vie à toutes les productions de la terre ; admire-le comme la créature, l'instrument de Dieu, mais ne l'adore pas

A l'Etre souverain, au plus sage des Etres à lui seul appartiennent un culte, l'adoration, nos actions de graces & la louange.

C'est lui qui a étendu les cieux de sa main, qui a décrit de son doigt le cours des étoiles ; c'est lui qui a mis des bornes insurmontables à l'Océan, qui a dit aux vents orageux de se taire.

C'est lui qui ébranle la terre, & les nations tremblent; qui lance ses foudres, & les méchans sont épouvantés.

C'est lui qui, d'un seul mot, tira les mondes du néant, qui les frappe de son bras & les replonge dans le même néant.

O respecte la majesté du Tout-Puissant, & ne tente pas sa colere, de peur que tu ne sois détruit.

La providence de Dieu paroît dans tous ses ouvrages, il regle & dirige tout avec une sagesse infinie.

Il a établi des loix pour le gouvernement de l'univers, il les a prodigieusement variées dans tous les êtres, & chacun emporté par sa nature se conforme à sa volonté.

La profondeur de son esprit embrasse toutes les connoissances, les secrets de l'avenir sont ouverts à ses yeux.

Sa vue perce & découvre toutes les penſées de ton cœur. Il connoît tes réſolutions avant que tu les aies arrêtées.

Il n'eſt rien de contingent pour ſa preſcience, il n'eſt rien de fortuit pour ſa providence.

Etonnant en tout, ſes deſſeins ſont impénétrables; l'idée de ſon intelligence eſt au-deſſus de ta conception.

Paie donc a ſa ſageſſe l'hommage de ta vénération, & courbe ta tête ſous ſon joug, avec une humble ſoumiſſion.

Le Seigneur eſt gracieux & bienfaiſant, il a créé le monde par un motif de pitié & d'amour.

Sa bonté brille dans tous ſes ouvrages; il eſt la ſource de l'excellence, le centre de la perfection.

Les créatures ſorties de ſa main proclament ſa bonté, toutes leurs jouiſſances chantent ſes louanges; il les ſoutient & les conſerve de génération en génération.

Si nous levons nos yeux au ciel, sa gloire y brille; si nous les abaissons sur la terre, elle est couverte de ses bontés. Les montagnes & les vallées se réjouissent & le chantent; les champs, les rivieres & les bois répetent ses louanges.

Mais toi, ô homme! il t'a distingué par une faveur particuliere, & t'a élevé au-dessus de toutes les créatures.

Il t'a doué de raison pour maintenir ta domination; il t'a doué de la parole pour te perfectionner dans la société; il exalte ton esprit par la force de la méditation pour contempler & adorer ses inimitables perfections.

Dans les loix qu'il t'a données pour servir de regle à ta conduite, sa bonté a accordé tes devoirs avec ta nature, afin que l'obéissance à ses préceptes fît ton propre bonheur.

O loue sa bonté par des cantiques d'actions de graces, & médite en silence sur les prodiges de son amour; que ton cœur se livre à la gratitude & à la reconnoissance; que le langage de tes levres ne soit que louange & adoration; que les actions de ta vie respirent ton amour pour ses loix.

Le Seigneur est juste & droit: il jugera la terre avec équité & vérité.

Parce qu'il a établi ses loix dans la bonté de sa miséricorde, ne punira-t-il pas les coupables qui les violent ? garde-toi de le croire, criminel audacieux ! Ne pense pas que le bras du Seigneur soit affoibli, parce que ta punition est retardée ; ni ne te flatte pas du vain espoir qu'il ferme l'œil a tes actions ; son œil perce les secrets de chaque cœur, & il s'en souvient pour toujours. Il n'a point d'égards pour les personnes ni pour leurs différentes places.

Le Prince & l'homme du peuple, le riche & le pauvre, le sage & l'ignorant, lorsque leur ame sera délivrée des chaînes pesantes de cette vie mortelle, seront tous jugés avec la même équité, suivant leurs œuvres. Alors le méchant tremblera; mais le cœur du juste se réjouira dans les jugemens de Dieu.

Crains donc le Seigneur tous les jours de ta vie, & parcours avec courage les sentiers qu'il t'a frayés. Que la prudence t'avertisse, que la tempérance te retienne, que la justice guide ta main, que la bienfaisance échauffe ton cœur, & la gratitude t'inspire de la dévotion pour le ciel; toutes ces choses te donneront le bonheur sur la terre, & te conduiront à la demeure de la félicité éternelle, dans le Paradis de Dieu.

Telle est la vraie économie de la vie humaine.

HUITIEME PARTIE.

De l'Homme confidéré en général.

SECTION PREMIERE.

De la forme & de la ſtructure de l'homme.

FOIBLE & ignorant comme tu es, ô homme ! humble comme tu devrois être, ô enfant de la pouſſiere ! veux-tu élever tes penſées juſqu'à la ſageſſe infinie ? Veux-tu voir ſa puiſſance ſe déployer devant toi ? Contemple ta ſtructure, elle eſt effrayante, elle eſt miraculeuſe.

Loue donc ton Créateur avec crainte, & réjouis-toi devant lui avec reſpect.

Pourquoi de toutes les créatures es-tu la ſeule dont le corps ſoit droit & élevé, ſi ce n'eſt pour contempler ſes ouvrages ? Tu dois les contempler pour les admirer, tu dois les admirer, pour adorer leur Créateur.

Voilà pourquoi tu as feul la confcience de ton être : & d'où te vient cette confcience ?

Ce n'eft pas à la chair à penfer, ce n'eft pas aux os à raifonner ; le lion ne connoît pas les vers qui le mangeront, le bœuf ne voit pas qu'il eft nourri pour être égorgé.

Il eft dans toi quelque chofe de différent de tout ce que tu vois ; il eft dans toi un principe qui donne le mouvement à ta maffe d'argille, principe bien fupérieur à tout ce qui frappe tes fens. Mais quel eft-il ?

Ton corps refte parfait, lors même que ce principe ne l'anime plus : il n'en fait donc pas partie, il eft donc éternel ; il eft libre d'agir, il eft donc refponfable de fes actions.

Les animaux connoiffent-ils l'ufage

de la nourriture, parce que leurs dents coupent l'herbe & broient les alimens?

Dieu te forma comme il les a formés; tu ne fus créé qu'après eux; mais il te donna l'empire sur tout, & de son souffle il te communiqua le principe de la science.

Connois donc la noblesse de ton être, la chaîne qui unit la Divinité avec la matiere; reconnois une partie de Dieu dans toi; souvient-toi de ta dignité, & ne te dégrade pas jusqu'à descendre au mal ou à la bassesse.

SECTION II.
De l'usage des sens.

NE te glorifie pas de ton corps, parce qu'il fut le premier formé, ni de ta cervelle, parce que ton ame y réside; est-ce que le maître de la maison n'est pas plus honorable que ses murs?

La terre doit être labourée, avant que le bled y soit semé; le potier doit bâtir sa fournaise, avant qu'il puisse faire sa porcelaine.

Comme l'esprit du Ciel dit à l'eau de l'abîme, tes flots rouleront ici & non ailleurs, ils s'arrêteront là, & leur fureur ne passera point cette borne: ainsi que ton esprit, ô homme, anime & dirige ta chair, qu'il réprime ses écarts.

Ton ame est la souveraine de ton corps, ne souffre pas que ses sujets lui soient rebelles.

Ton corps eft comme le globe de la terre ; tes os font les colonnes qui le foutiennent fur fa bafe.

Comme l'océan donne naiffance aux fources dont les eaux retournent dans fon fein en traverfant les rivieres, ainfi tes efprits fortent de ton cœur, & reviennent après avoir parcouru tout le corps.

Tous deux n'obfervent-ils pas toujours le même cours? le même Dieu le leur prefcrivit.

Ton nez n'eft-il pas le canal deftiné pour les parfums? ton palais n'eft-il pas celui des alimens agréables au goût? Apprends cependant que les parfums trop long-tems fentis deviennent nuifibles, que les mets délicats détruifent l'appétit qu'ils flattoient.

Tes yeux ne font-ils pas les fentinelles qui veillent pour toi ; & cependant combien font-ils fouvent incapables de diftinguer le vrai du faux!

Renferme ton ame dans les bornes de la modération; que ton esprit soit attentif à son bien : alors les sens seront toujours les ministres, les interpretes de la vérité.

Ta main n'est-elle pas un miracle de création ? Pourquoi te fut-elle donnée, sinon pour que tu puisse la tendre & soulager ton frere ?

Pourquoi de toutes les créatures vivantes es-tu la seule capable de rougir ? Le monde lira ta honte sur ton visage, ne fais donc rien de honteux.

Pourquoi la crainte & la frayeur ôtent-elle à ta contenance son éclat, sa beauté ? Evite le mal & tu connoîtras que la crainte est au-dessous de toi, que la frayeur dégrade l'humanité.

Pourquoi les ombres parlent-elles à toi seul dans les visions de la nuit ? respecte-lés, car tu sais que les songes viennent d'en haut.

Toi feul, ô homme, tu peux parler. Admire cette glorieufe prérogative, & rends-en graces à celui qui te l'a donnée, en inftruifant tes enfans dans fon culte.

SECTION III.

De l'Ame, de son origine & de ses affections.

LES bénédictions, ô homme ! versées sur la partie matérielle de ton être, sont la santé, la vigueur, & l'exacte combinaison de tous tes organes.

Le plus grand de ces dons est la santé ; ce qu'est la santé au corps, l'honnêteté l'est à l'ame.

L'existence de ton ame n'est point un problême ; c'est de toutes les vérités la plus certaine. Sois-en donc reconnoissant, ne cherche pas à la connoître parfaitement, elle est impénétrable.

La pensée, l'entendement, la raison, la volonté ne sont point ton ame : elles en sont les effets, mais elles ne sont pas son essence.

Ne l'exalte pas trop, de peur que

tu ne fois abaiffé. Ne fois pas femblable à ceux qui tombent pour vouloir s'élever trop haut ; ne t'abaiffe pas au rang des brutes, ne fois pas femblable au cheval & à la mule, dans lefquels il n'y a point d'entendement.

Cherche-la dans fes facultés, connois-la par fes vertus; elles font en plus grand nombre que les cheveux de ta tête; les étoiles du ciel ne les égalent pas en quantité.

Ne penfe pas avec l'Arabie, qu'une ame eft partagée entre tous les hommes; & ne crois pas avec l'Egypte, que chaque homme en a plufieurs; fache que comme ton cœur eft un, ton ame eft une.

Le foleil ne durcit-il pas l'argille? n'amollit-il pas la cire? Le même foleil opere ces deux effets ; la même ame peut donc vouloir les contraires.

Comme la lune conferve fa nature, quoique les ténebres femblent l'envelopper d'un voile, ainsi l'ame reste parfaite dans le sein même du fou.

Elle est immortelle, elle est inaltérable, elle est semblable en tout. La santé fait briller sa beauté, l'application développe son savoir ; quoiqu'elle vive après toi, ne pense pas qu'elle soit née avant toi ; elle fut créée avec ton corps.

N'espere pas que la mort puisse te mettre à l'abri d'un examen, ne pense pas que la corruption puisse te dérober aux recherches du grand Juge. Celui qui t'a formé du néant, que tu ne connois pas, ne peut-il pas te tirer encore d'un autre état, que tu ne connois pas ?

Le coq ne distingue-t-il pas l'heure de minuit ? N'éleve-t-il pas sa voix pour t'annoncer que le matin paroît ? Le chien ne connoît-il pas les pas de son maître ; Et la chevre blessée ne court-elle pas à l'herbe qui la guérit ? Cependant quand ces animaux meurent, leur esprit retourne à la poussiere: le tien seul survit.

N'envie pas leurs sens, parce qu'ils sont plus vifs que les tiens; apprends que l'avantage ne consiste pas à posséder de bonnes choses, mais à en connoître l'usage.

Quand tu aurois l'oreille du cerf, quand tes yeux seroient aussi forts, aussi perçans que ceux de l'aigle, quand ton odorat seroit égal à celui du chien courant, ta sensibilité fût-elle celle de la tortue, de quoi cela te serviroit-il sans la raison? Tout cela ne périt-il pas, comme les especes qui les possedent?

En est-il qui soit doué de la parole ? En est-il qui puisse te dire, pourquoi il agit de telle maniere ? Peux-tu penser trop grandement de ton ame ? Ou peut-on trop faire son éloge ? C'est l'image de celui qui te l'a donnée.

Souviens-toi toujours de sa dignité,

n'oublie pas la haute valeur du dépôt qui t'eſt confié.

Ne penſe pas que tu puiſſes la perdre dans la foule ; ne penſe pas que tu puiſſes l'enſevelir dans ton cabinet. L'action eſt ſon élément, elle ne veut pas qu'on l'en prive.

Son mouvement eſt perpétuel, ſes projets ſont univerſels, ſon activité ne peut s'éteindre : l'objet eſt-il dans la partie la plus éloignée de la terre ? elle l'atteindra. Eſt-il dans la région des étoiles ? ſes yeux le découvriront.

Les recherches ſont ſes délices : comme un voyageur traverſe les ſables brûlans pour trouver de l'eau, l'ame court après la ſcience, avec une ardeur infatigable.

Donne-lui un frein, car elle eſt téméraire ; reſtrains-la, car elle eſt capricieuſe ; corrige-la, car elle eſt violente ; plus ſouple que l'eau, plus flexible que la cire, plus compreſſible que l'air, tout peut la subjuguer.

L'ame est pour celui qui manque de discrétion, ce qu'est une épée dans la main d'un homme en colere.

Le but de ses recherches est la vérité. Ses moyens pour la decouvrir, sont la raison & l'expérience; mais ne sont-elles pas toutes deux incertaines & trompeuses; Comment donc y parviendra-t-elle ?

L'opinion générale n'est pas une preuve de la vérité, car le commun des hommes est dans l'ignorance.

La conscience de toi-même, la connoissance de celui qui t'a créé, du culte que tu lui dois, tout cela n'est-il pas clair à tes yeux ? Qu'as-tu donc besoin de vouloir étendre plus loin tes connoissances ?

SECTION IV.

De la durée & de l'emploi de la vie humaine.

CE qu'est la premiere lueur de l'aurore à l'alouette, l'ombre du soir à la chouette, le miel à l'abeille, ou une proie au vautour; telle est la vie pour le cœur de l'homme.

Quoique brillante, elle n'éblouit pas; quoique obscure, elle ne déplaît pas; quoique douce, elle ne rassasie pas; quoique corrompue, elle ne se perd pas; & cependant quel est celui qui connoît sa vraie valeur?

Apprends à estimer la vie, comme elle doit l'être, alors tu es près de la sagesse.

Ne pense pas, avec le fou, que rien n'a plus de valeur; ne crois pas, avec le prétendu sage, que tu dois la dédaigner; ne l'aime pas pour elle-même, mais pour le bien qu'elle peut faire aux autres.

L'or ne peut la payer, ni des mines de diamans ramener le moment que tu as perdu ; emploie donc tous les inſtans à la recherche de la vertu.

Ne dis pas qu'il étoit mieux pour toi de n'être pas né, ou ſi tu devois naître, de mourir de bonne heure ; n'aies pas la témérité de dire à ton Créateur : quel mal quand je n'euſſe pas exiſté ? Le bien eſt en ton pouvoir ; le défaut de bien eſt un mal, & ſi ta queſtion eſt juſte, elle te condamne.

Le poiſſon ſaiſiroit-il l'amorce, s'il voyoit que l'hameçon y fût caché ? Le lion donneroit-il dans les pieges, s'il avoit vu qu'ils ſont préparés pour le perdre ? De même ſi l'ame devoit périr avec le corps, l'homme ſouhaiteroit-t-il de vivre ? Un Dieu miséricordieux l'eût-il créée ? Conclus de-là que tu vivras dans l'éternité.

Ne fais pas de vains efforts pour t'échapper de l'état dans lequel tu es; le ciel te l'a donné, fois-en content.

Quoique les chemins que tu parcours, foient inégaux, ils ne font pas tous fatigans.

Là, où fe préfente la moindre apparence de mal, imagine le plus grand danger.

Quand ton lit eft de paille, tu dors en fûreté, mais quand il eft couvert de rofes, crains les épines,

Une bonne mort vaut mieux qu'une mauvaife vie, tâche cependant de vivre auffi long-tems que tu le dois, pas autant que tu le peux. Tant que ta vie eft plus avantageufe aux autres, que ta mort, il eft de ton devoir de la conferver.

Ne te plains pas, avec les foux, de la briéveté de ton tems ; fouviens-toi qu'avec tes jours tes foins finiffent.

Ote du cours de ta vie, la partie la moins utile, que te refte-t-il ? Ote le tems de ton enfance, celui de ton adolescence, de ton sommeil, tes heures de loisirs, tes jours de maladie, & vois combien tu as peu vécu dans une vie bien longue ?

Celui qui t'a donné la vie comme une bénédiction, l'abrege pour qu'elle soit telle.

A quoi te serviroit une longue vie ? souhaites-tu d'avoir par-là une occasion de te livrer encore aux vices ? car pour le bien, celui qui en a limité la mesure, ne sera-t-il pas satisfait du fruit que tu auras donné ?

Pourquoi, enfant du chagrin, voudrois-tu vivre plus long-tems ? pour respirer, pour manger, pour voir le monde ? tu as déjà fait assez tout cela. Une trop fréquente répétition n'est-elle pas fatigante ou superflue ?

Voudrois-tu augmenter ton savoir & ta vertu ? Hélas ! qu'as-tu à connoître ? ou qu'est-ce qui t'enseignera ? Tu as mal employé le peu que tu as; ne te plains donc pas que le ciel ne t'ait pas accordé plus d'années.

Ne murmure pas de ton défaut de savoir; la science doit périr avec toi dans la tombe; sois honnête ici-bas, tu feras savant après.

Ne dis pas à la corneille : pourquoi comptes-tu sept fois l'âge de ton maître? ou au cygne, pourquoi tes yeux doivent-ils voir ma race jusqu'à une centaine de générations ? Ces êtres peuvent-ils être comparés avec toi dans l'abus de la vie! Sont-ils libertins? sont-ils cruels? sont-ils ingrats? Apprends plutôt d'eux, que l'innocence de la vie & la simplicité des mœurs, sont les sentiers qui conduisent à une heureuse vieillesse.

Connois-tu mieux l'emploi de la vie qu'eux ? Alors moins de jours peuvent te suffire.

L'homme qui ose enchaîner le monde, quand il sait qu'il ne peut jouir de sa tyrannie, qu'un moment, que ne feroit-il pas, s'il étoit immortel ?

Tu as affez de jours, mais tu n'en tiens pas compte ; tu n'es pas dans le befoin, ô homme ! mais comme un prodigue tu les laiffes couler légérement, comme fi tu en avois plus qu'il ne t'en faut ; & cependant tu murmures, de ce que les jours ne reviennent pas pour toi.

Apprends que ce n'eft pas l'abondance qui peut te faire riche, mais l'économie.

Le fage continue de vivre dès fon premier moment, l'infenfé commence toujours.

Ne travaille pas d'abord, pour amaffer des richeffes & dans l'efpoir d'en jouir enfuite.

Celui qui néglige le moment préfent jette tout ce qu'il a ; comme la fleche, qui perce tout-à-coup le cœur du guerrier, qui ne la voyoit pas, ainfi la vie lui fera enlevée, avant qu'il fache qu'il en jouiffoit.

Qu'est donc la vie que l'homme pourroit desirer ? Quel est le souffle qu'il pourroit souhaiter ? N'est-ce pas une scene d'illusion, une suite de malheurs ? un enchaînement de maux rassemblés sur tous les points de la vie ? Dans le commencement c'est ignorance, la douleur est au milieu, & la tristesse marche à la fin.

Comme une vague en remplace une autre, jusqu'à ce que toutes deux soient englouties dans l'amas de vagues qui les suit; de même le mal succede au mal dans la vie de l'homme. Le plus grand & le présent suivent le moindre & le passé. Nos terreurs sont des maux réels, nos espérances sont des chimeres.

Insensés! craindre comme mortels, & desirer comme s'ils étoient immortels!

Quelle partie de la vie souhaiterions-nous qui nous restât ? est-ce la jeunesse ? Pouvons-nous aimer les outrages, la licence, la témérité ? Eft-ce la vieilleffe ? nous aimons donc les infirmités.

On dit que les cheveux gris font refpectés, & que la fin des jours eft couronnée d'honneur ; la vertu peut ajouter le refpect à la fleur de la jeuneffe, & fans elle, la vieilleffe imprime plus de rides fur l'ame que fur le front. La vieilleffe eft-elle refpectée, parce qu'elle hait la débauche! Quelle juftice à cela, quand ce n'eft pas la vieilleffe qui méprife le plaifir, mais le plaifir qui méprife la vieilleffe. Sois vertueux pendant que tu es jeune, & alors tu feras honoré fur le déclin de tes jours.

NEUVIEME PARTIE.

L'Homme considéré relativement à ses défauts & à leurs effets.

SECTION PREMIERE.
De la Vanité,

L'INCONSTANCE est puissante dans le cœur de l'homme; l'intempérance le conduit à son gré, le désespoir a le même empire, & la frayeur s'écrie: vois, je suis ici, sans rivale; mais la vanité surpasse toutes ces foiblesses.

Ne pleure pas sur les calamités du genre-humain, ris plutôt de ses folies. Dans les mains de l'homme livré à la vanité, la vie n'est que l'ombre d'un rêve.

Qu'est un héros célebre, sinon le

jouet de cette foibleffe ! le public eft inconftant & ingrat, pourquoi l'homme fage s'expoferoit-il pour des foux ?

L'homme qui néglige fes intérêts préfens, pour penfer comment il agira quand il fera plus élevé, fe nourrit de vent, pendant que fon pain eft mangé par un autre.

Agis comme il convient dans ton état préfent : & dans un pofte plus confidérable, tu n'auras point à rougir.

Quel vice aveugle l'homme ou dérobe la connoiffance de fon cœur, autant que la vanité ? Hélas, c'eft alors que tu ne te vois pas toi-même, que les autres te découvrent pleinement.

L'homme qui s'éleve fans avoir de mérite, eft femblable à la tulipe qui a de brillantes couleurs, fans être d'aucun ufage.

Le cœur de l'homme vain eft troublé, pendant qu'il paroît content, fes inquiétudes furpaffent toujours fes plaifirs.

Son exiftence n'eft pas même la mefure de fes defirs, la tombe n'eft pas affez profonde pour le cacher; il étend fes penfées au-delà de fa vie; il ordonne qu'on le loue, lorfqu'il ne fera plus; mais celui qui lui a promis le trompe.

Celui qui efpere que la louange parviendra jufqu'à fes oreilles fous la terre, ou careffera fon cœur dans la tombe, eft auffi fou que cet époux mourant, qui recommande un veuvage éternel à fa femme, pour ne pas troubler fon ame.

Agis bien pendant que tu vis, mais ne t'inquiete pas de ce qu'on en dit: contente-toi de mériter la louange, & ta poftérité fe réjouira en l'entendant.

Le papillon ne voit pas les couleurs qui l'embelliffent, le jafmin ne fent pas le parfum qu'il répand autour de lui; tel eft l'homme qui paroît brillant, & invite les autres à le remarquer.

Pourquoi, dit-il, mon habillement est-il couvert d'or ? pourquoi ma table est-elle surchargée de mets, si les yeux ne les contemplent pas, si l'univers ne le sait pas ? Donne ton vêtement à ceux qui sont nus, & ta nourriture à ceux qui ont faim ; alors tu seras loué, & tu sentiras que tu le mérites.

Pourquoi prodigues-tu à chacun des mots flatteurs & insignifians ? Tu sais que quand ces complimens te sont rendus, tu n'en fais aucun cas.

L'adulateur sait qu'il t'en impose, & cependant il sait que tu l'en remercieras; parle avec sincérité & tu entendras toujours avec profit.

L'homme vain trouve du plaisir à parler de lui ; mais il ne voit pas que les autres n'aiment pas à l'entendre.

S'il a fait quelque chose digne de louange, s'il possède un objet digne d'admiration, sa joie est de le publier, son orgueil est de l'entendre répéter par la renommée : un pareil defir fe détruit toujours lui-même; car on ne dit pas : il a fait cela, ou il poffede tel objet ; mais on dit, comme il s'enorgueillit de fes actions! comme il eft fier de fes richeffes!

Le cœur de l'homme ne peut atteindre plufieurs chofes à la fois ; quiconque s'attache à l'ombre perd la réalité ; il court après des bulles d'air qui fe diffipent en s'élevant, pendant qu'il foule à fes pieds ce qui lui auroit fait honneur.

SECTION II.
De l'Inconstance.

LA nature te porte à l'inconstance, ô homme! mets-toi donc en garde contre elle dans tous les tems.

Ta mere, en te donnant le jour, te donna le goût du changement; tu as hérité de l'instabilité de ton pere; comment serois-tu ferme?

Ceux qui t'ont fait présent d'un corps, t'ont donné ses foiblesses; mais celui qui créa ton ame, t'arma de résolution; emploie-la, tu es sage; sois sage, & tu es heureux.

Que celui qui fait le bien s'observe, lorsqu'il en parle; car rarement il est l'ouvrage de sa propre volonté. N'est-ce pas le plus souvent le fruit d'une impulsion étrangere, né au milieu de l'incertitude, développé par un accident, le fruit en un mot des circonstances?

L'hommage leur en eſt dû, la gloire en eſt au haſard.

Evite l'irréſolution dans tes projets, l'inſtabilité dans leur exécution ; par là tu triompheras de deux grands défauts de la nature humaine.

Quel reproche plus grave peut faire la raiſon, ſinon de tomber dans des contrariétés ? Qui peut t'arrêter dans cette chûte, ſinon la fermeté d'eſprit ?

L'inconſtant ſait bien qu'il change, mais il ne ſait pas pourquoi, il voit qu'il échappe à lui-même, mais il n'apperçoit pas comment : ſois incapable de varier dans ce qui eſt juſte, & les hommes ſe repoſeront ſur toi.

Etablis-toi des principes certains, & que toutes tes actions en découlent.

Sois d'abord convaincu que tes principes ſont juſtes, & alors ſois inflexible dans leur pratique.

Tes paſſions par-là n'auront aucun

pouvoir fur toi, par-là ta constance t'assurera le bien que tu possedes, & écartera le malheur de ton asyle ; l'inquiétude, les regrets te feront étrangers.

Ne soupçonne pas le mal, à moins que tu ne l'aies vu ; quand tu l'as vu ne l'oublie pas.

Comment seroient droites les actions de celui qui n'a aucune regle de vie ? Rien ne sauroit être juste, que ce qui découle de la raison.

L'inconstant n'a point de paix dans son ame, & ceux qui l'entourent ne peuvent pas en jouir davantage.

Sa vie est inégale, sa conduite est sans principe, son ame change avec le tems.

Aujourd'hui il t'aime, demain il te détestera, & pourquoi ? lui-même ne sait pas pourquoi il aimoit, ou pourquoi maintenant il hait. Aujourd'hui il est ton tyran, demain ton serviteur est moins humble; & pourquoi ? celui qui est arrogant sans pouvoir, sera bas sans nécessité.

Aujourd'hui il est prodigue, demain il regrettera ce que ses premiers besoins exigent; tel est celui qui ne connôit pas la modération.

Qui peut dire du caméléon: il est noir, lorsqu'un moment après la verdure des prairies brille sur lui ?

Qui peut dire de l'inconstant : il est joyeux, lorsque son premier souffle s'exhalera en soupirs ?

Qu'est-ce que la vie d'une homme aussi léger, sinon le fantôme d'un rêve ? le matin il se leve heureux, à midi il est à la torture; tantôt il est un Dieu, tantôt il est au-dessous de l'insecte; il rit dans un moment, le suivant il pleure, il veut, il ne veut-plus, & quelquefois il ne sait s'il veut ou non.

Cependant ni la gaieté ni le chagrin ne se fixent avec lui, parce qu'il n'a pas plus de raison pour rire que pour pleurer.

Le bonheur de l'inconstant est un palais bâti sur le sable; un coup de vent emporte le fondement; est-il donc étonnant que l'édifice tombe?

Mais quel est cet être imposant, qui dirige au-delà sa course égale and continue? Ses pieds posent sur la terre, sa tête est au-dessus des nuages.

La majesté brille sur son front, la fermeté se dessine dans sa démarche, & la paix regne dans son cœur.

Quoique des obstacles traversent son chemin, il ne daigne pas les regarder; quoique le criel & la terre s'opposent à son passage, il continue.

Les montagnes s'abaissent, les eaux de l'Océan se retirent sous ses pas.

Le tigre se jette en vain sur son passage, les yeux du léopard étincelent contre lui sans arrêter ses regards.

Il marche à travers les légions rangées

en bataille; de sa main il écarte les terreurs de la mort.

Les tempêtes sifflent à ses oreilles, mais leurs sifflemens ne sont pas capables de l'ébranler, le tonnerre éclate en vain sur sa tête, les éclairs ne servent qu'à montrer la fierté de sa contenance.

Son nom est *la résolution!* il vient des régions les plus élevées de la terre; il voit le bonheur au loin devant lui, ses yeux découvrent son temple au-delà des limites du pole.

Il y monte, il entre hardiment & il s'y fixe pour toujours.

Etablis dans ton cœur, ô homme! les principes de la justice, & apprends que le plus grand mérite de l'humanité est d'être invariable.

SECTION III.

De la Foiblesse

VAIN & inconstant, comme tu es, ô fils de l'imperfection ! comment peux-tu n'être pas foible ? L'inconstance n'est-elle pas jointe à la fragilité ? Peut-il y avoir de la vanité sans foiblesse ? Evite le danger de l'une, & tu échapperas aux malheurs de l'autre.

Où ta foiblesse se découvre-t-elle davantage ? C'est-là où tu parois plus fort ; là où tu es plus glorieux ; c'est dans tes possessions, c'est en usant des biens qui t'entourent.

Tes desirs ne sont-ils pas aussi fragiles ? ou connois-tu ce que tu devrois souhaiter ?

Quand tu as obtenu la chose pour laquelle tu soupirois le plus, remarque qu'elle ne te satisfait pas.

Pourquoi le plaisir que tu goûtes, perd-il son prix pour toi ? Et pourquoi celui que tu vois dans l'avenir te paroit-il plus doux encore ? parce que tu es fatigué du bien que tu possedes, parce que tu ne connois pas les inconvéniens de celui que tu desires. Sache qu'être content, c'est être heureux.

Quand tu pourrois choisir toi-même, quand ton Créateur auroit mis sous ta main, tout ce que ton cœur peut souhaiter, le bonheur resteroit-il avec toi ? ou la joie demeureroit-elle toujours dans ta maison ?

Hélas! ta foiblesse s'y oppose, la variété te tient lieu du plaisir; celui qui charme constamment doit être durable.

Quand il est évanoui, tu regrettes sa perte, & tu le dédaignois quand il étoit en ta puissance.

Celui qui le remplace n'a pas pour toi plus d'attraits, & tu es mécontent de toi-même pour l'avoir préféré, feule circonftance peut-être où tu ne fois pas dans l'erreur.

Eft-il quelque chofe où ta foibleffe paroiffe encore plus que dans tes defirs ? C'eft fans contredit dans ta maniere d'en jouir.

Les bonnes chofes ceffent de l'être quand on les poffede; tout ce que la nature offre de plus doux n'eft alors pour nous que fources d'amertume; de nos délices, naît la peine, de notre joie, le chagrin.

Sois modéré dans la jouiffance, & le plaifir fera toujours avec toi, qu'il foit fondé fur la raifon, & les chagrins n'en troubleront point la fin.

Les délices de l'amour commencent par les foupirs, & finiffent par la langueur & l'abattement. L'objet pour lequel tu as brûlé, te dégoûte jufqu'à la fatiété; à peine l'as-tu poffédé, que fa préfence te fatigue.

Joins l'eftime à l'admiration, joins à l'amour l'amitié, & tu trouveras à la fin un contentement fi parfait, qu'il furpaffe toute efpece de raviffement; tu trouveras une tranquillité préférable à l'extafe.

Dieu ne t'a donné aucun bien fans mêlange de mal, mais il t'à auffi donné les moyens d'écarter le mal.

Comme la joie n'eft pas fans un alliage de peine, le chagrin n'eft pas non plus fans un mêlange de plaifir. La joie & la trifteffe, quoique fi différentes, s'uniffent donc; notre propre choix peut feul nous les donner fans mêlange.

La mélancolie elle-même a fes délices, & l'excès de la joie eft arrofé de larmes. Les meilleures chofes dans les mains d'un fou, peuvent tourner à fa deftruction, & des plus nuifibles, le fage peut en tirer du bien.

Ainfi la foibleffe eft tellement combinée avec ta nature, ô homme ! que tu n'as pas la force d'être entiérement bon ou méchant ; rejouis-toi donc de ce que tu ne peux pas exceller dans le mal, & fois content du bien que tu peux atteindre.

Les vertus font particulieres & adaptées aux différens états de l'homme. Ne cours donc pas après une perfection chimérique, & ne t'affecte pas de ce que tu ne peux posséder toutes les vertus.

Voudrois-tu déployer à la fois la libéralité du riche, & jouir du contentement du pauvre ? ou méprifer ta femme, parce qu'elle ne pratique pas les vertus d'une veuve ?

Si ton pere fuccombe devant toi dans les divifions de ta patrie, ta juftice peut-elle à la fois lui donner la mort, & ta tendreffe lui conferver la vie ?

La vérité n'eft qu'une, tes doutes

font de toi. Celui qui fit les vertus telles qu'elles font, grava auſſi en toi la connoiſſance de leur prééminence: agis comme ton ame t'inſpire, & ton but fera toujours droit.

SECTION IV.

De l'insuffisance des Connoissances humaines.

S'IL est quelque chose d'agréable, s'il est quelque chose qu'on puisse desirer, qui soit en même tems à la portée de l'homme & digne de ses éloges, n'est-ce pas le savoir ? Et cependant qui peut se flatter d'y atteindre ?

L'homme d'Etat publie qu'il a rempli ce but; le Législateur réclame les éloges que le savant mérite, mais où trouver le sujet qui le possede réellement?

Le mal n'est pas essentiel à l'homme, ni la tolérance du vice nécessaire pour le soutien de la société; cependant combien de crimes sont commis par les ordres des conseils suprêmes !

Mais apprends, ô chef des nations ! qu'un crime autorifé par toi eft plus funefte, que dix qui ont échappé à la punition.

Quand ton peuple eft nombreux, quand tes fils fe multiplient autour de ta table, ne les envoies-tu pas au-dehors pour tuer l'innocent & tomber fous l'épée de celui qu'ils n'ont point offenfé ?

Si tes defirs infenfés demandent, pour être fatisfaits, les vies de milliers d'hommes, ne dis-tu pas : je ferai fatisfait, même à ce prix ? fûrement tu oublies que celui qui te créa, les créa de même, & que leur fang eft auffi précieux que le tien.

Dis-tu que la juftice ne peut être exécutée fans bleffer quelqu'individu ? Tes propres paroles te condamnent.

Toi qui féduis par de fauffes promeffes le criminel, pour tirer de lui l'aveu de fon crime, n'es-tu pas criminel pour lui ? & ta faute est-elle moindre, parce qu'il ne peut te punir ?

Quand tu condamnes à la torture celui dont le crime n'est fondé que sur des soupçons, comment oses-tu penser que tu peux faire souffrir un innocent ?

L'événement répond-il à ton dessein ? Peux-tu donc être satisfait de ses aveux ? La douleur le force à dire ce qui n'est pas, aussi aisément que ce qui est; & les tourmens ont contraint l'innocent à s'accuser lui-même.

Pour ne pas le tuer sans cause, tu fais pis que de le tuer; pour découvrir s'il est coupable, tu le martyrises innocent.

O aveuglement volontaire, pour une vérité démontrée ! ô insuffisance de la science du sage ! pense au moment où le grand Juge ordonnera que tu lui rendes compte de ta cruauté. Tu souhaiteras alors avoir rendu la liberté à dix mille coupables, plutôt que d'avoir ôté la vie à un innocent qui s'elevera contre toi.

Incapable comme tu l'es de maintenir la justice, comment parviendras-tu à la connoissance de la vérité? comment atteindras-tu le dernier degré de son trône?

Comme le hibou est aveuglé par la splendeur du soleil, ainsi l'éclat de la vérité t'éblouira à ton approche.

Si tu veux t'élever jusqu'à son trône, prosterne-toi d'abord à ses pieds; si tu veux parvenir à la connoître, sois convaincu d'abord de ton ignorance.

Elle est plus précieuse que les perles; cherche-la donc soigneusement: l'émeraude, le saphir, & le rubis sont comme de la boue sous ses pieds, suis-la donc courageusement.

Le chemin pour aller à elle est le travail; l'attention est le pilote qui doit te conduire; mais ne te fatigue pas dans le chemin, car quand tu feras parvenu jufqu'à elle, le travail fera pour toi un plaifir.

Ne dis pas, en toi-même : la vérité engendre des haines, & je la fuirai, la diffimulation donne des amis, & je ferai diffimulé; les ennemis que donne la vérité, ne valent-ils pas mieux que les amis gagnés par la flatterie ?

L'homme defire naturellement la vérité; cependant quand elle eft fous fes yeux, il ne cherche pas à la faifir, & fi elle veut forcer fon opinion, n'en eft-il pas offenfé ?

La faute n'eft pas dans la vérité, car elle eft aimable; mais la foibleffe de l'homme ne fupporte pas fon éclat.

Veux tu voir plus pleinement ton infuffifance ? obferve-toi dans la piéré ! à quelle fin la religion fut-elle inftituée, fi ce n'eft pour te faire connoître tes défauts, pour te corriger de tes foibleſſes, pour te montrer que du ciel ſeul tu peux eſpérer le bien?

Ne te rappelle-t-elle pas que tu n'es que pouſſiere? ne te dit-elle pas que tu n'es que cendre?

Quand tu fais un ſerment, quand tu jures que tu ne tromperas pas, remarque que ton ſerment te fait rougir, & celui qui le reçoit; apprends à être juſte, & tu n'auras pas beſoin du repentir; apprends à être honnête & les ſermens feront inutiles. Celui qui écoute avec patience les reproches de ſes propres fautes, blâmera un autre avec hardieſſe.

Celui qui donne un refus avec raiſon, le ſouffrira avec modération.

Si tu es ſoupçonné, réponds avec fermeté. Le ſoupçon n'effraie que le coupable.

Le cœur trop ſenſible eſt détourné de ſes deſſeins par les ſupplications; l'orgueilleux devient plus obſtiné par la priere; le sentiment de ton insuffisance t'ordonne d'écouter; mais pour être juste tu dois écouter sans passion.

SECTION V.

Des Malheurs.

FOIBLE & incapable du bien comme tu es, ô homme ! Fragile & inconstant comme tu es dans le plaisir, il est cependant une chose dans laquelle tu es fort & inébranlable ; c'est le malheur.

C'est le caractere de ton être, la prérogative de ta nature ; le malheur n'est que dans ton sein, n'existeroit pas sans toi ; vois quelles sont ses sources, ce sont tes propres passions.

Celui qui te les a données, te donna aussi la raison pour les subjuguer ; invoque-la toujours, & tu les fouleras à tes pieds.

Ton entrée dans le monde n'est-elle pas marquée par la honte ? Ta destruction, n'est-elle pas glorieuse ? Les hommes ornent les inſtrumens de la mort avec l'or & les pierres précieuſes, & les portent ſur leurs habillemens.

Celui qui engendre un homme ſe cache; mais celui qui en tue des milliers le fait publiquement, & eſt honoré.

Apprends néanmoins que c'eſt une erreur. La coutume ne peut altérer la nature du vrai, ni l'opinion de l'homme détruire la juſtice; la gloire & la honte ſont ici mal placées.

Il n'eſt qu'un moyen pour produire l'homme ; il en eſt mille pour le détruire ; point d'éloges, point d'honneur pour celui qui donne l'exiſtence à un être; mais le triomphe & l'empire ſont les récompenſes de l'aſſaſſin.

Cependant celui qui a pluſieurs enfans, a autant de bénédictions dans ſa maiſon, & celui qui a ôté la vie à ſon ſemblable, ne peut jouir de la ſienne.

Lorſque le ſauvage maudit la naiſſance de ſon fils, & bénit la mort de son pere, ne s'appelle-t-il pas lui-même un monstre ?

Le malheur réel de l'homme est très-grand en lui-même, mais il l'augmente par ses pleurs.

Le plus grand de tous les maux de l'humanité, c'est le chagrin ; tu es né pour en souffrir beaucoup, ne l'accrois pas par ta perversité.

La peine t'est naturelle, & te suit toujours ; le plaisir est étranger à ton être & ne te visite que dans des tems interrompus ; sers-toi bien de ta raison, & le chagrin s'éloignera de toi ; sois prudent, & ta joie sera longue & fréquante.

Chaque partie de ton corps est susceptible de douleur ; mais les routes du plaisir y sont rares & étroites.

Les peines agissent en masse & par milliers tout-à-la-fois, lorsque l'ame ne peut goûter qu'un seul plaisir dans le même instant.

Comme la flamme que donne la paille disparoît auſſi-tôt qu'elle eſt allumée, ainſi s'évanouit l'extaſe de ta joie, & tu ne ſais pas ce qu'elle eſt devenue.

Le chagrin eſt fréquent, le plaiſir eſt rare : l'un vient de lui-même, l'autre doit être recherché : l'un eſt ſans mêlange, l'autre a toujours quelque alliage d'amertume.

Comme la ſanté parfaite eſt moins vivement ſentie que la plus légere indiſpoſition, ainſi la plus grande joie touche moins profondément que le plus petit chagrin.

Nous attirons la douleur, nous fuyons ſouvent le plaiſir; & quand nous le recherchons, ne coûte-t-il pas plus qu'il ne vaut ?

La réflexion eſt l'occupation de l'homme; le ſentiment de ſon état eſt ſon premier devoir: mais qui t'appelle à la joie ? N'eſt-ce pas par pitié alors que la triſteſſe nous a été donnée ?

L'homme prévoit le mal qui doit arriver; il s'en souvient quand il est passé: il ne voit pas que la pensée de l'affliction fait une plaie plus profonde que l'affliction même. Ne pense à ta peine que quand elle t'accable, & tu éviteras ce qui t'auroit le plus blessé.

Celui qui pleure avant qu'il ne soit nécessaire, pleure plus qu'il ne faut; les brutes même n'ont pas ce degré de foiblesse.

Le cerf ne pleure pas jusqu'à ce que le dard soit levé contre lui; l'homme anticipe la mort par l'appréhension qu'il en a; car la crainte est un malheur plus grand que le malheur même.

Sois toujours prêt à rendre compte de tes actions, la meilleure mort est celle qui est la moins prévue.

SECTION VI.

Du Jugement.

LES plus beaux dons faits à l'homme, sont le jugement & la volonté; heureux est celui qui n'en abuse pas.

Comme le torrent qui se précipite avec fracas de la cime des montagnes, détruit tout ce qu'il emporte; ainsi l'opinion générale étouffe la raison dans celui qui s'y soumet, sans chercher quel est son fondement.

Examine ce que tu reçois comme une vérité; il pourroit n'en être que l'ombre: ce qui te paroît démontré, n'est souvent que plausible: sois ferme, sois constant; mais détermine-toi par ton propre examen. Ainsi, tu ne seras responsable que de ta foiblesse personnelle.

Ne dis pas que l'événement prouve

la sagesse de l'action ; souviens-toi que l'homme n'est pas au-dessus du pouvoir des accidens.

Ne condamne pas le jugement d'un autre, parce qu'il diffère du tien; ne peuvent-ils pas être également tous deux le produit d'une erreur ?

Quand tu estimes un homme à cause de ses titres, quand tu méprises l'étranger, parce qu'il n'en a pas; ne juges-tu pas du chameau par la bride ?

Ne pense pas que tu sois vengé de ton ennemi, quand tu lui donnes la mort il est dès-lors au-dessus de ton pouvoir, tu assures à jamais sa tranquillité, & tu perds ainsi tous les moyens de le blesser.

Si ta mere se livra au désordre, pourquoi t'affliger de sa mauvaise réputation ?

Si ta femme est fragile, pourquoi ton ame est-elle troublée des reproches qu'on t'en fait ? Celui qui te méprife fe condamne lui-même. Es-tu refponfable des vices des autres ?

Ne dédaigne pas un diamant, parce que tu le poffedes, n'exagere pas la valeur d'une chofe, parce qu'elle appartient à un autre ; la poffeffion pour le fage ajoute au prix de l'objet.

N'honore pas moins ta femme, parce qu'elle eft à toi, & méprife celui qui a dit : veux-tu l'aimer moins, époufe-la. Qui donc l'engagea fous tes loix, finon fa confiance dans ta vertu ? Dois-tu moins l'aimer, parce que tu lui as plus d'obligation ?

Si tu es jufte pour elle, quoique tu l'aies négligée pendant que tu la poffédois, cependant fa perte fera amere à ton ame.

Celui qui eftime plus une femme, feulement parce qu'il la poffede, eft du moins plus heureux, s'il n'eft pas plus fage que toi.

Ne mefure pas la perte que fouffre

ton ami par les larmes qu'il verse ; les plus grands chagrins sont au-dessus de l'expression des pleurs.

N'estime pas une action, parce qu'elle est accompagnée du bruit & de la pompe ; l'ame la plus noble est celle qui fait de grandes choses, & qui n'est pas émue en les faisant.

La renommée frappe d'étonnement celui qui entend & aime sa voix, mais la paix intérieure réjouit le cœur qui la possède.

N'attribue pas les bonnes actions d'un autre à de mauvaises causes ; tu ne peux connoître son cœur, & le monde connoîtroit par-là que le tien est rongé par l'envie.

Il n'y a pas dans l'hypocrisie plus de vice que de folie. Etre honnête, est aussi facile que de le paroître.

Sois plus prêt à reconnoître un bienfait qu'à te venger d'une injure ; tu recevras alors plus de bienfaits que d'injures. Sois plus prêt à aimer qu'à haïr, & tu seras alors plus aimé que haï.

Sois prompt à louer & lent à censurer ; ainsi tes vertus seront louées, & l'œil de l'inimitié sera aveugle sur tes imperfections.

Quand tu fais le bien, fais-le pour lui-même, & non pas parce que les hommes l'estiment.

Quand tu évites le mal, fuis-le, parce que c'est le mal, & non pas parce que les hommes le décrient. Sois honnête, pour l'amour de l'honnêteté, & tu le seras toujours.

Celui qui l'est sans principes, flotte perpétuellement ; souhaite plutôt d'être repris par le sage, qu'applaudi par celui qui n'a pas de jugement. Quand l'un te parle d'une faute, il suppose que tu peux te corriger ; quand l'autre te loue, il te croit semblable à lui.

N'accepte pas un emploi pour lequel

tu n'es pas propre, celui qui te connoît te mépriseroit.

N'inftruis pas un autre de ce que tu ignores toi-même; quand il le verra, il te le reprochera.

N'espere pas trouver un ami dans celui qui t'a infulté; celui qui a fouffert une offenfe peut bien la pardonner, mais celui qui l'a faite, ne fera jamais bien avec fon adverfaire.

N'impofe pas de trop grandes obligations, à celui qui tu fouhaites pour ton ami; leur poids l'éloigneroit de toi: un petit bienfait aliene l'amitié, un grand fait un ennemi.

Cependant l'ingratitude n'eft pas dans la nature de l'homme, fa colere n'eft point irréconciliable; mais fe rappeller une dette qu'il ne peut acquitter, eft un tourment pour lui, & il eft honteux dans la préfence de celui qu'il a outragé.

Que le bonheur de l'étranger n'excite

point tes murmures, & ne te réjouis pas du mal qui tombe fur ton ennemi; fouhaiterois-tu que les autres penfaffent ainfi de toi ?

Veux-tu jouir de la bienveillance de tous les hommes ? que la tienne foit univerfelle. Si tu ne l'obtiens pas par-là, aucun autre moyen ne te la procurera, & fache que quoique tu ne l'aies pas, c'eft un grand plaifir de l'avoir méritée.

SECTION VII.

De la Préfomption.

L'ORGUEIL & la baffeffe femblent incompatibles, mais l'homme concilie les contrariétés : il eft à la fois la plus miférable & la plus arrogante de toutes les créatures.

La préfomption eft le poifon de la raifon, elle eft la fource de l'erreur, cependant elle naît avec la raifon.

Où eft celui qui ne s'eftime pas trop lui-même & qui n'abaiffe pas les autres ?

Quelle eft l'origine de la fuperftition ? & d'où découlent tant de faux cultes ? De la préfomption que nous avons, de raifonner fur ce qui eft au-deffus de notre portée, de comprendre ce qui eft incompréhenfible.

Limitées & foibles comme font nos

facultés, nous n'employons pas même leurs petites forces, comme nous le devons ; nous ne nous élevons pas affez haut, pour nous rapprocher de la grandeur de Dieu ; nous ne donnons pas affez d'effor à nos idées, quand nous l'adorons.

L'homme qui craint de laiffer échapper un mot contre fon Monarque, auffi périffable que lui, ne tremble pas de juger, de critiquer les dons de fon Dieu ; il oublie fa majefté, & foumet fes jugemens à un nouvel examen.

Celui qui n'ofe pas répéter le nom de fon Prince, fans l'accompagner d'une marque de refpect, ne rougit pas d'invoquer celui de fon Créateur à l'appui d'un menfonge.

Celui qui entendroit la fentence d'un Magiftrat dans le filence, ofe plaider contre l'Eternel ; il effaie de l'adoucir par fes prieres, de le flatter par des promeffes, il ofe capituler avec lui, que dis-je ? le braver, & murmurer, s'il n'a pas exaucé ses demandes.

Pourquoi restes-tu impuni, ô homme! dans ton impiété, si ce n'est que le jour de ton jugement n'est par arrivé ?

Ne sois pas semblable à ces téméraires qui veulent lutter contre le tonnerre, & ne refuse pas de prier ton Créateur, parce qu'il te châtie; ta folie retomberoit sur ta tête, ton impiété ne blesse que toi.

Pourquoi l'homme se vante-t-il d'être le favori de son Créateur, lorsqu'il néglige de lui payer son tribut d'hommages ? Comment concilier une pareille conduite avec une opinion si élevée de sa nature ?

L'homme qui n'est vraiment qu'un atôme dans la vaste étendue du monde, croit que la terre & le ciel ont été créés pour lui, il pense que toute la nature doit s'intéresser à son bien-être.

Semblable à ce fou qui s'imagine à

l'aspect de mille images tremblantes, peintes au fond de l'eau, que les arbres, les villes & l'horizon, dansent pour lui faire plaisir; l'homme croit que tous les mouvemens de la nature n'ont d'autre but que lui, tandis qu'elle remplit dans l'espace la vaste carriere que l'Eternel lui a prescrite.

Il croit que le soleil ne darde ses feux sur la terre que pour l'échauffer; & si dans l'ombre de la nuit, la lune brille au haut des cieux, ce n'est que pour l'éclairer.

Abjure ce vain orgueil, insensé! apprends que tu n'es pas la cause qui soutient l'univers dans sa course; ce n'est pas pour toi que sont faites les vicissitudes des saisons.

Quand toute ta race n'existeroit pas, il n'en résulteroit aucun changement; tu n'es qu'une unité entre des millions d'êtres qui sont dans l'univers.

Ne t'éleve pas toi-même jusqu'aux

cieux, car les Anges sont au-dessus de toi & ne dédaigne pas tes compagnons, habitans de la terre, parce qu'ils sont au-dessous de toi; ne sont-ils pas l'ouvrage de la même main ?

Toi qui n'es heureux que par la miséricorde de ton Créateur, comment oses-tu sans nécessité mettre tes semblables à la torture ? Prends garde que ces horreurs ne retombent sur toi ?

Ne servent-ils pas tous avec toi le même maître universel ? N'a-t-il pas donné à tous les mêmes loix ? N'a-t-il pas soin de leur conversation ? & tu oses enfreindre ses décrets !

Ne mets pas ton jugement au-dessus de celui de toute la terre. Ne condamne pas comme faux ce qui ne s'accorde pas avec tes préjugés. Qui t'a donné le pouvoir de décider pour les autres ? ou qui reçut de l'univers le droit de choisir ?

Combien de choses autrefois rejettées

font à préfent admifes comme des vérités! & combien de ces vérités à la mode aujourd'hui feront à leur tour méprifées! de quoi donc l'homme peut-il être certain?

Fais le bien que tu connois & tu feras heureux; il t'importe plus ici-bas d'être heureux que favant.

La vérité & la fauffeté n'ont-elles pas la même apparence dans ce que nous n'entendons pas? Qui peut alors excepté notre préfomption, nous déterminer entre elle?

Nous croyons aifément ce qui furpaffe notre conception; c'eft que nous voulons avoir l'air de le comprendre. N'eft-ce pas folie & arrogance? Qui tranche les queftions avec plus de hardieffe? Qui foutient fon opinion avec plus d'opiniâtreté? Celui même qui a le plus d'ignorance; car il a auffi le plus d'orgueil.

Tous les hommes cherchent à défendre l'opinion qu'ils ont embrassée, mais le plus obstiné de tous est le présomptueux. Il ne se contente pas de se faire illusion à lui-même, il veut encore obliger les autres à s'y soumettre.

Ne dis pas que la vérité s'établit par les années & la certitude par le nombre des croyans.

Une proposition humaine a autant d'autorité qu'une autre. La raison seule met une différence entre elles.

DIXIEME PARTIE.

Des Affections nuisibles à l'homme.

SECTION PREMIERE.

De la Cupidité,

LES richesses ne méritent pas une grande attention: on ne peut donc justifier un soin passionné pour les acquérir.

Le desir de ce que l'homme appelle bien, la joie qu'il ressent lorsqu'il le possede, sont seulement fondés sur l'opinion. N'imite pas le vulgaire, examine le prix des choses, & tu ne les convoiteras pas.

Un desir immodéré des richesses est un poison qui infecte l'ame, il y détruit tout ce qui étoit bon; il n'y est pas plutôt enraciné, que toute vertu, que toute honnêteté, toute affection naturelle disparoissent devant lui.

L'avare vendroit ses enfans pour de l'or ; ses parens mourroient avant qu'il ouvrît son coffre-fort pour les secourir ; il estime plus son or que son existence personnelle. En cherchant le bonheur, il se rend malheureux.

Semblable à l'homme qui vend sa maison pour acheter des meubles qui doivent l'embellir, l'avare renonce à la paix pour chercher des richesses, dans l'espoir d'être heureux par leur possession.

Là, où l'avarice regne, que l'ame est étroite ! Celui qui ne regarde pas les richesses comme le principal bien, ne prodiguera pas tous les autres biens pour en amasser.

Qui ne craint pas la pauvreté comme le plus grand mal de la nature, ne cherchera pas à s'accabler de tous les autres maux pour éviter celui-là. Insensé! la vertu n'est-elle pas préférable aux richesses ? Le crime n'est-il pas pire que la pauvreté ? Chaque homme est toujours assez riche pour fournir à ses besoins ; sois content de peu, ton bonheur sourira à la vue des chagrins de celui qui veut amasser advantage.

La nature a caché l'or sous la terre, comme s'il étoit indigne d'être vu ; elle a placé l'argent, où tu le foules à tes pieds ; ne t'enseigne-t-elle pas par-là, que l'or n'est pas digne de tes regards, que l'argent est au-dessous de ton attention ?

L'avarice ensevelit sous la terre des millions de malheureux, ils exploitent pour leur maître barbare, ce métal qui venge leur outrage, puisqu'il rend leur tyran, plus malheureux que ses esclaves.

Le terrein qui recele des trésors est stérile, il ne croît point d'herbe sur le sol qui cache des mines d'or.

Comme le cheval n'y trouve pas sa nourriture, comme le bled ne se plaît pas sur les montagnes, comme l'olivier n'y produit pas ses fruits, ni la vigne ses raisins, de même aucune vertu ne repose dans le sein de celui dont le cœur couve sans cesse son trésor.

L'or est le serviteur du sage, il est le tyran du fou.

L'avaricieux sert son or, & son or ne lui sert pas : il possede son bien, comme le malade la fievre ; elle le brûle & le tourmente, & ne le quitte qu'à la mort.

L'or n'a-t-il pas détruit les vertus d'un million d'êtres ? a-t-il jamais augmenté la bonté d'un seul ?

N'abonde-t-il pas chez les plus méprisables des hommes ? Pourquoi donc desirerois-tu d'être rangé dans leur classe en le possédant ?

P

Les plus fages n'ont-ils pas été ceux qui en ont eu le moins? & la fageffe n'eft-elle pas le bonheur?

La partie la plus vile de ton efpece, n'a-t-elle pas toujours été la plus riche? & fa fin n'a-t-elle pas été miférable? La pauvreté manque de beaucoup de chofes, mais l'avarice fe les refufe toutes.

L'avare ne peut être bon pour les autres, mais il eft plus cruel pour lui-même que pour tout autre.

Sois induftrieux pour te procurer de l'or, mais fois généreux dans fon emploi; l'homme n'eft jamais fi heureux que quand il fait le bonheur d'un autre.

SECTION II.

De la Profusion.

S'IL y a un vice plus grand que d'accumuler des richesses, c'est sûrement celui de les employer sans aucune utilité. Celui qui prodigue follement, ce qu'il doit épargner, dérobe au pauvre le bien sur lequel la nature lui a donné des droits.

Celui qui dissipe son trésor s'ôte les moyens de faire le bien.

Il est plus difficile d'être bien avec les richesses, que d'être à l'aise en en manquant. L'homme se gouverne beaucoup plus aisément dans la pauvreté que dans l'abondance.

La pauvreté ne demande qu'une vertu, la patience, pour la supporter; si le riche n'a pas la charité, la tempérance, la prudence, & beaucoup d'autres, il devient criminel.

Le pauvre ne peut répondre que du peu qu'il poffede ; le riche eft dépofitaire de la propriété de mille autres.

Celui qui dépenfe fagement fes richeffes, évite les maux qu'elles entraînent ; celui qui les accumule, amaffe des chagrins.

Ne refufe pas à ton frere ce dont tu pourrois avoir befoin toi-même.

Apprends qu'il y a plus de délices à être privé de ce que tu as donné, que de poffeder des millions, dont tu ne fais pas faire ufage.

SECTION III.

De la Vengeance.

La racine de la vengeance est dans la foiblesse de l'ame; les plus vils & les plus timides des hommes y sont les plus portés.

Quels hommes tourmentent ceux qu'ils haïssent, sinon les lâches? qui assassinent ceux qu'ils volent, si ce n'est les femmes?

Le sentiment d'une injure doit précéder sa vengeance; mais un cœur noble dédaigne de dire : elle m'offense.

Si l'injure n'est pas au-dessous de ton attention, celui qui te l'a faite devient ton inférieur; voudrois-tu entrer en lice avec ton inférieur?

Dédaigne l'homme qui cherche à t'offenser, méprise celui qui veut troubler ton repos.

Cette conduite, non-feulement conferve ta tranquillité, mais elle eft la punition la plus fenfible de la vengeance, fans que tu t'abaiffes à l'employer.

Comme la tempête & le tonnerre n'affectent pas le foleil, ni les étoiles, mais déchargent leur furie fur les pierres & les arbres, de même les injures ne frappent pas les grandes ames.

La médiocrité d'efprit enfante la vengeance ; la grandeur d'ame méprife l'offenfe, elle fait même le bien de celui qui a effayé de l'outrager.

Pourquoi cours-tu après la vengeance, ô homme ? Quel eft ton deffein en t'acharnant fur ton adverfaire ? Penfes-tu le bleffer ? Apprends que c'eft te caufer à toi-même les plus grands tourmens.

La vengeance ronge le cœur de celui qui en eft infecté, pendant que celui contre lequel elle eft dirigée, refte dans la fécurité & la joie.

Elle est injuste dans les peines qu'elle te fait éprouver. La nature ne la destina donc pas pour toi. Celui qui est injurié a-t-il besoin de plus de peine ? doit-il augmenter l'affliction dont un autre l'accable ?

L'homme qui médite la vengeance, n'est pas satisfait du malheur qu'il éprouve, il ajoute à sa douleur, la punition que mérite son adversaire ; pendant que celui-ci sourit à ses projets de vengeance, & se moque gaiement de son impuissance.

La vengeance est douloureuse dans le projet, & dangereuse dans l'exécution : rarement la hache tombe où tendoit celui qui l'a levée ; hélas ! il n'imagine pas que le contre-coup retombera sur lui.

Pendant que le vindicatif cherche à faire du mal à son ennemi, il prépare souvent sa propre destruction : pendant qu'il cherche à arracher un des yeux de son adversaire, il perd les deux siens.

S'il n'atteint pas le but qu'il se proposoit, il exhale sa douleur en regrets, s'il réussit, il s'en repent. La crainte de la justice ôte la paix de son ame; le soin de le dérober à ses yeux détruit celle de son ami.

La mort de ton adversaire peut-elle rassasier ta haine ? Le repos que tu lui procureras, rétablira-t-il le tien ?

Veux-tu lui causer des regrets de l'offense qu'il t'a faite ? Sois son vainqueur, épargne ses jours. Glacé par la mort, il n'avoue pas ta supériorité, il ne sent plus le pouvoir de ta colere.

L'assassinat pour une injure est la ressource de la lâcheté, celui qui l'emploie craint que son ennemi ne vive & ne se venge.

La mort finit la querelle ; mais elle ne rétablit pas la réputation ternie.

Tuer est un acte de précaution & non pas de courage; c'est une ressource sûre, mais elle n'est pas honorable.

Il n'y a rien de si aisé que de venger une offense, mais rien de si beau que de la pardonner.

La plus grande victoire qu'un homme puisse gagner est celle qu'il obtient sur lui-même. Celui qui dédaigne une injure, la fait retomber sur celui qui l'a faite.

Quand tu médites une vengeance, c'est avouer que tu ressens l'outrage; quand tu t'en plains, tu reconnois toi-même qu'il t'a blessé; tu veux doubler le triomphe & enfler l'orgueil de ton ennemi.

Ce qu'on ne sent pas, ne sauroit être une injure; & comment se venger de ce qu'on ne sent pas, de ce qu'on méprise ?

Si tu penses qu'il soit déshonorant de supporter patiemment une offense, tu peux faire plus, tu peux te mettre au-deſſus.

De bons ſervices rendront un homme honteux d'être ton ennemi, ta grandeur d'ame l'écraſera & lui ôtera la penſée de te bleſſer.

Plus le tort eſt grand, plus il y a d'honneur à le pardonner; & plus la vengeance-feroit excuſable, plus la clémence eſt glorieuſe.

As-tu le droit d'être juge dans ta propre cauſe, d'être partie dans l'acte & de prononcer ſur cet acte ? Avant de condamner, attends qu'un autre ait approuvé la juſtice de ta cauſe.

Le vindicatif eſt craint, & conféquemment il eſt haï; mais celui qui endure avec patience, qui n'emploie que la clémence, eſt adoré; l'éloge de ſes actions eſt éternel & un amour général l'accompagne.

SECTION IV.

De la Cruauté, de la Haine, & de l'Envie.

LA vengeance est détestable ; qu'est donc la cruauté ? oui, elle a toute l'atrocité de l'autre ; mais elle n'a pas l'espece de prétexte qui la justifie, c'est-à-dire la provocation.

Les hommes désavouent la cruauté, comme n'appartenant pas à leur nature ; ils en ont honte, ils la regardent comme étrangere à leurs cœurs ; ne l'appellent-ils pas inhumanité ?

D'où tire-t-elle donc son origine ? A quel vice dans l'homme doit-elle son existence ? à la crainte d'un côté, à l'impuissance de l'autre.

Le héros leve son épée contre l'ennemi qui lui résiste ; mais aussi-tôt qu'il se soumet, n'est-il pas satisfait ?

Il n'eft pas de l'honneur de fouler aux pieds un être qui craint; il n'appartient pas à la vertu d'outrager ce qui lui eft inférieur. Soumets l'infolent, épargne l'humble, & tu es au comble de la victoire.

Celui qui manque de vertu pour arriver à ce but, celui qui n'a pas le courage d'y atteindre, fupplée à la victoire par l'affaffinat, à la puiffance par le meurtre.

Celui qui craint tout, frappe fur tout; pourquoi les tyrans font-ils cruels ? parce qu'ils vivent dans une terreur continuelle.

Le dogue déchire la carcaffe d'un animal, qu'il n'ofe pas regarder en face, quand il eft vivant; le chien courant, qui le chaffe jufqu'à la mort, ne le déchire pas après.

Les guerres civiles font les plus fanglantes, parce que ceux qui fe battent font des lâches; les confpirateurs font assassins, parce que la mort couvre tout d'un voile impénétrable. N'est-ce pas la crainte qui leur dit, qu'ils peuvent être trahis ?

Veux-tu n'être pas cruel ? sois trop élevé pour être haï. Veux-tu n'être pas inhumain ? Mets-toi au-dessus des atteintes de l'envie.

Chaque homme peut être vu sous deux aspects différens, dans l'un il paroîtra incommode, dans l'autre il le sera moins. Choisis celui où ton ennemi semble te choquer le moins, tu ne seras pas tenté de le blesser.

Y a-t-il quelque chose que l'homme ne puisse tourner pour son bien ? Dans ce qui nous offense davantage, il y a plus de sujet de pitié que de haine.

On se réconcilie avec celui dont on se plaint, mais on assassine celui qu'on hait.

Si tu es privé d'un emploi, ne t'irrite pas jusqu'à la rage ; la perte de ta raison est un plus grand malheur.

Q

Parce qu'on t'a volé ton manteau, veux-tu donc aussi te dépouiller toi-même de ton habit ?

Quand tu envies l'homme qui possede des honneurs, quand ses titres & sa grandeur excitent ton indignation : cherche à connoître comment, par quels moyens, il les a obtenus, & ton envie se changera en pitié.

Si l'on t'offroit la même fortune au même prix, sois assuré que si tu étois sage, tu la refuserois.

Quel est l'avantage des titres ? C'est d'être flatté. Comment obtient-on du pouvoir, sinon en se rendant l'esclave de celui qui le donne ?

Voudrois-tu perdre ta liberté, pour pouvoir ôter celle d'un autre ? Où peux-tu envier le sort de celui qui agit ainsi ?

On n'obtient rien de ses supérieurs, que pour un certain prix, & ce prix ne surpasse-t-il pas la valeur de l'objet qu'on defire ? Voudrois-tu violer les coutumes du monde ? voudrois-tu avoir tout-à-la-fois la chofe & fon prix ?

Comme tu ne peux envier, ce que tu ne voudrois pas accepter, que ce motif n'excite jamais ta haine; bannis-la de ton ame, parce qu'elle engendre la cruauté.

Si tu as de l'honneur, peux-tu defirer ce qui s'obtient à fes dépens ? fi tu connois la valeur de la vertu, plains ceux qui l'ont échangée baffement.

Quand tu auras appris l'art difficile de voir le bien-être apparent des autres, fans le convoiter, leur bonheur réel te caufera un vrai plaifir.

Si tu vois les biens tomber entre les mains de celui qui les mérite, tu t'en réjouiras; car la vertu eft heureufe de la profpérité de l'homme vertueux.

Celui qui fe réjouit du bonheur d'un autre, accroît par-là le fien.

SECTION V.

De la Mélancolie.

LA gaieté de l'homme content arrache au malheureux un sourire ; mais l'abattement de l'homme triste empoisonne même la joie la plus vive.

Quelle est la source de la tristesse, si ce n'est la foiblesse de l'ame ? qui lui donne de l'ascendant, si ce n'est le défaut d'esprit ? Eveille-toi pour le combat, & elle abandonnera le champ de bataille avant que tu frappes.

C'est l'ennemi de ton espece, chasse-la donc de ton cœur. Elle empoisonne les douceurs de la vie, ne souffre donc pas qu'elle entre dans ta demeure.

Pendant que pour ruiner ta fortune, elle accable ton ame par des bagatelles désagréables, elle s'empare de l'attention que tu dois aux choses de conséquence.

Elle répand la létargie comme un voile fur tes vertus, elle les cache de ceux qui t'honoreroient en les voyant, elle jette le défordre entre elles, & les avilit, pendant qu'elle t'en rend l'exercice plus néceffaire.

Elle t'opprime par le mal, & elle lie tes mains, quand elles jetteroient le fardeau loin de toi.

Si tu veux éviter ce qui eft bas, fi tu veux dédaigner ce qui eft poltronnerie, fi tu veux bannir de ton cœur ce qui eft injufte, ne fouffre pas que la trifteffe y prenne place.

Ne fouffre pas qu'elle fe couvre du vifage de la piété; ne te laiffe pas tromper par le mafque de la fageffe qu'elle emprunte. La Religion rend honneur à ton Créateur; ne lui prête pas le vifage fombre de la mélancolie. La fageffe te rend heureux; apprends que le chagrin eft étranger à fes regards.

Pourquoi l'homme feroit-il trifte,

excepté dans le sein des afflictions ? Pourquoi son cœur renonceroit-il à la joie, quand sa source est encore près de lui ? N'est ce pas être misérable, pour le plaisir de l'être ?

Le pleureur paroît triste, parce qu'il est loué pour le paroître ; il pleure parce que ses larmes sont payées ; tel est l'homme qui abandonne son cœur à la tristesse, non pas parce qu'il souffre quelque chose, mais parce qu'il est mélancolique.

N'est-ce pas l'occasion qui produit le chagrin ? la même occasion rend un autre heureux.

Demande aux hommes si leur tristesse améliore l'état des choses ; ils avoueront eux-mêmes que c'est une folie ; ils feront plus, ils loueront celui qui supporte ses maux avec patience, qui fait face avec courage à ses malheurs ; ils devroient joindre l'imitation à leur suffrage.

La tristesse est contre la nature ; car elle trouble ses mouvemens, & elle rend affreux ce qu'elle avoit créé de plus aimable.

Comme le chêne succombe à la violence de la tempête, & ne releve plus sa tête, ainsi le cœur de l'homme est abattu par la force de la tristesse, & il perd à jamais son énergie.

Comme la neige fond sur les montagnes, à l'approche de la pluie qui les arrose, ainsi les larmes effacent bientôt le coloris des joues; & ni l'un ni l'autre ne reparoissent jamais.

Comme la perle se dissout dans le vinaigre, qui ne semble d'abord que l'obscurcir à sa surface; ainsi le bonheur de l'homme est absorbé par la mélancolie, quoi qu'elle ne semblât d'abord que la couvrir de son ombre.

Regarde la tristesse dans les endroits publics, jette tes regards sur elle dans les places fréquentées, quelqu'un la regarde-t-il? N'évite-t-elle pas tout le monde? & chacun ne fuit-il pas sa présence?

Vois comme elle penche sa tête, semblable à la fleur dont la racine est arrachée, vois comme elle fixe ses yeux sur la terre; hélas, ils ne lui servent qu'à pleurer.

Sort-il un discours de sa bouche? L'amour de la société est-il dans son cœur? La raison est-elle dans son ame? Non, demande-lui la cause de son état, & elle ne la connoît pas. Recherche quelle occasion lui donna naissance, tu n'en trouveras pas.

Ses forces l'abandonnent, enfin elle descend dans la tombe, & personne ne dit: qu'est-elle devenue?

As-tu de l'intelligence, & ne vois-tu pas cela? As-tu de la piété, & n'apperçois-tu pas ton erreur?

Dieu te créa dans sa miséricorde, & s'il n'avoit pas eu le dessein de te rendre heureux, sa bienfaisance ne t'auroit pas donné l'exiftence : comment ofes-tu donc fuir à la face de fa majefté ?

Tandis que tu es plus heureux par l'innocence, tu lui rends un hommage pur. Qu'eft ce que ton mécontentement, finon un murmure criminel contre lui ?

Ne créa-t-il pas toutes les chofes variables, & tu pleures lorfqu'elles varient !

Si nous connoiffons la loi de la nature, pourquoi nous en plaindre ? Si nous l'ignorons, que pourrions-nous blâmer, finon notre aveuglement fur un fait, dont chaque moment nous offre la preuve ?

Apprends que ce n'eft pas à toi à donner des loix au monde ; ton devoir eft de te foumettre à celles que tu trouves établies ; fi elles te caufent des malheurs, la plainte ne fera qu'ajouter à ton tourment.

Ne te laiſſe pas tromper par de belles apparences ; ne ſuppoſe pas que le chagrin guérit le malheur, c'eſt un poiſon ſous la couleur d'un remede : lorſqu'il prétend tirer le trait rongeur de ton ſein, il le plonge plus avant dans ton cœur.

Pendant que la triſteſſe te ſépare de tes amis, ne ſemble-t-elle pas te dire que tu es incapable de converſer avec eux ? Quand elle t'iſole, n'annonce-t-elle pas qu'elle a honte de ſa propre foibleſſe ?

Il n'eſt pas dans la nature, que tu ne ſois pas bleſſé des traits de l'infortune, la raiſon ne demande pas cela de toi, mais il eſt de ton devoir de ſupporter ton malheur en homme.

Les larmes peuvent couler de tes yeux, quoique le courage n'abandonne pas ton cœur ; mais un motif raiſonnable doit ſeul cauſer ta douleur, & elle ne doit jamais être exceſſive.

La grandeur du mal ne peut pas s'apprécier par le nombre de larmes qu'il fait répandre; les grands chagrins sont au-dessus de ces témoignages, comme les grandes joies sont au-delà de l'expression.

Qu'est-ce qui affoiblit l'ame comme le chagrin? Qu'est-ce qui l'abat comme la tristesse?

Le malheureux qu'elle accable peut-il se préparer pour de nobles entreprises, ou s'armer pour la cause de la vertu?

Ne t'assujettis pas aux maux dont le retour n'offre aucun avantage, & ne sacrifie pas les moyens d'être heureux, pour un objet qui en soi-même est un mal.

ONZIEME PARTIE.

Des avantages par lesquels l'Homme peut s'élever au-dessus de ses semblables.

SECTION PREMIERE.

De la Noblesse & de l'Honneur.

LA noblesse ne réside que dans l'ame, & il n'y a de véritable honneur que celui de la vertu.

La faveur des Princes peut être gagnée par les vices; le rang & les titres peuvent s'acquérir avec de l'argent; mais tout cela n'est pas le véritable honneur.

Les crimes ne peuvent élever l'homme qui les commet, à une gloire réelle, ni l'or le rendre noble.

Quand les titres sont la récompense de la vertu, quand ils sont possédés par celui qui a bien servi sa patrie, le Prince qui accorde les honneurs se couvre de gloire, comme le sujet qui les reçoit, & cette faveur tourne encore au profit de l'Etat.

Quand les vertus d'un héros reparoissent dans ses enfans, ses titres les accompagnent; mais quand celui qui les possede ne ressemble pas à celui qui les mérite, ne peut-on pas dire qu'il a dégénéré ?

L'honneur héréditaire est regardé comme le plus noble, mais la raison parle en faveur de celui qui l'acquiert.

Celui qui sans mérite invoque les actions de ses ancêtres pour prouver sa grandeur, est semblable au voleur qui réclame la protection en se refugiant dans un temple.

De quel bien est-ce à l'aveugle que ses parens puissent voir? De quel avantage eſt-ce au muet que ſon grand-pere fût éloquent ? De même que fait à l'homme vil, la nobleſſe de ſes prédéceſſeurs ? un eſprit diſpoſé à la vertu, rend grand celui qui le poſſede, & ſans titre, il s'élevera au-deſſus du vulgaire.

Il méritera les honneurs pendant que les autres les obtiendront, & ne pourra-t-il pas leur dire: tels étoient les hommes dont vous vous glorifiez d'être deſcendu ?

Comme l'ombre ſuit le corps, le véritable honneur ſuit la vertu.

Ne dis pas que l'honneur eſt l'enfant de la hardieſſe, ne crois pas qu'on n'en paie le prix qu'en haſardant ſa vie; ce n'eſt pas à l'action qu'il eſt dû, mais à la maniere de la faire.

Tous ne ſont pas appellés à tenir les rênes de l'Etat ou à commander les armées. Remplis-bien ton poſte & tu ſeras comblé d'éloges.

Ne dis pas qu'il eſt néceſſaire de

vaincre de grandes difficultés, pour être honoré, ou que le travail & le danger doivent se trouver sur le chemin de la renommée ; la femme qui est chaste n'est-elle pas digne de louange ? L'homme qui est honnête ne mérite-t-il pas d'être célebre ?

La soif de la réputation est violente, le desir de l'honneur est puissant, & celui qui nous les donna, nous les donna pour de grandes fins.

Quand des actions désespérées sont nécessaires au bien public, quand notre vie doit être exposée pour le salut de notre pays, qui peut ajouter de la force à la vertu, si ce n'est l'ambition ?

N'est-ce pas l'honneur qu'on nous accorde qui réjouit l'esprit noble ? l'orgueil est de le mériter.

Ne vaut-il pas mieux que les hommes puissent dire : pourquoi cet homme n'a-t-il pas de statue, que de demander pourquoi il en a une ?

L'ambitieux eſt toujours le premier dans la foule, il la preſſe & ne regarde point derriere lui, il a plus de chagrin de voir un ſeul homme devant lui, que de joie d'en laiſſer mille derriere lui.

La racine de l'ambition eſt dans chaque homme ; mais elle ne ſe développe pas dans tous : la crainte l'abaiſſe dans quelques-uns ; dans beaucoup la modeſtie l'étouffe. L'ambition ſemble envelopper toute l'ame, c'eſt la premiere choſe qui fut créée avec la chair, c'eſt la derniere qui s'en ſépare.

Elle honore ton être, quand tu l'as dignement employée ; quand tu la diriges mal, elle fait ta honte & ta ruine.

Dans le ſein du traître, l'ambition ſe cache adroitement, l'hypocriſie couvre ſon viſage de ſon voile, la froide diſſimulation lui dicte des paroles doucereuſes, mais enfin les hommes découvrent ce qu'elle eſt.

Le ſerpent ne perd pas ſon dard,

quoiqu'engourdi par la gelée; la dent de la vipere n'eſt pas briſée, quoique le froid lui ferme la bouche.

Prends pitié de ſon état, & elle te montrera ſon eſprit; rechauffe-la dans ton ſein, elle te récompenſera par la mort.

Celui qui eſt vraiment vertueux aime la vertu pour elle-même, il dédaigne ces applaudiſſemens, que l'ambition brûle d'obtenir.

Combien l'état de la vertu feroit miſérable, ſi elle ne pouvoit être heureuſe que par l'éloge des hommes! elle eſt trop noble pour chercher de récompenſe, elle ne peut ni ne veut être récompenſée.

Plus le ſoleil s'éleve, plus l'ombre diminue; de même plus la vertu eſt ſupérieure, moins elle convoite la louange; cependant elle ne peut éviter ſa récompenſe dans les honneurs qu'on lui accorde.

La gloire, femblable à l'ombre, peut fuir l'homme qui la pourfuit, mais elle fuit les pas de celui qui veut l'éviter. Si tu la recherches fans mérite, tu ne l'atteindras jamais; fi tu la mérites, quoique tu te caches, elle ne t'abandonnera jamais.

Pourfuis ce qui eft honorable, fais ce qui eft jufte, & l'approbation de ta confcience fera plus agréable pour toi, que les acclamations d'un million d'êtres, qui ne favent pas que tu les mérites.

SECTION II.

De la Science & de l'Etude.

LA plus noble occupation de l'esprit de l'homme, est l'étude des ouvrages de son Créateur.

Celui que la connoissance de la nature réjouit, trouve dans chaque objet une preuve de l'existence de son Dieu, & dans chaque preuve un nouveau motif de l'adorer.

Son esprit est toujours élevé vers le ciel; sa vie est un acte continuel d'adoration.

Porte-t-il ses regards sur le firmament? Ne le trouve-t-il pas rempli de ses merveilles? Regarde-t-il la terre? Le ver ne lui dit-il pas: ce n'est qu'un Dieu qui a pu me former?

Tu vois les planetes décrire un cours uniforme, le soleil rester immobile dans sa place, les cometes avancer & rétrograder inégalement dans l'espace; quelle cause, sinon ton Dieu, ô homme! peut les avoir créées? Quel autre que sa sagesse infinie peut leur avoir donné des loix?

Considere combien leur éclat est imposant, cependant il ne diminue pas; vois combien leur mouvement est rapide, cependant l'un ne croise pas le chemin de l'autre.

Regarde la terre, observe ses productions, examine ses entrailles, & ce qu'elles contiennent, n'est-ce pas le pouvoir uni à la sagesse qui a tout ordonné?

Qui ordonne à l'herbe de pousser? qui l'arrose dans une saison convenable? Vois ce bœuf s'en repaître, le cheval & le mouton s'en nourrir! Qui donc a soin ainsi de leur existence?

Quel être fait croître le grain que tu as semé? qui te le rend au centuple?

qui mûrit pour toi l'olivier dans son tems & le raisin, quoique tu n'en connoisses pas la cause ?

La plus misérable des mouches peut-elle se créer elle-même, & faut-il moins qu'un Dieu pour la former ?

Les animaux sentent qu'ils existent, mais ils n'en sont pas étonnés; ils se réjouissent de vivre, mais ne savent pas qu'ils doivent cesser d'être ; tous se remplacent machinalement, & il n'y a pas la perte d'une espece dans mille générations.

Toi qui vois le tout aussi admirable que ses parties, peux-tu mieux employer ton œil, qu'à contempler en eux la grandeur de ton maître, & ton esprit que dans l'examen de ses merveilles ?

Son pouvoir & sa miséricorde se sont déployés dans leur formation, sa justice & sa bonté paroissent dans les provisions qui s'amassent pour eux, tous sont heureux dans leurs différentes situations, & l'un n'envie point le sort de l'autre.

Qu'est l'étude des mots comparée avec celle-ci ? Où est la vraie science, si ce n'est celle de la nature ? Après avoir admiré la beauté de son méchanisme, considere son usage, apprends que la terre ne produit rien qui ne te soit utile ; la nourriture, ton vêtement & les remedes de tes maladies, tout ne dérive-t-il pas de cette seule source ?

Quel est donc le sage, si ce n'est celui qui la connoît ? Qui a du jugement, si ce n'est celui qui la contemple ? Et de toutes les sciences laquelle a plus d'utilité ?

Vivre & mourir, commander & obéir, agir & souffrir, n'est-ce pas pour cela que tu prends tant de peines ? La morale t'apprendra toutes ces choses ; l'économie de la vie te les mettra sous les yeux.

Confidere que fes préceptes font écrits dans ton cœur, & tu n'as befoin que de te les rappeller; ils font aifés à comprendre, fois attentif, & tu les retiendras.

Toutes les autres fciences font vaines, toute autre connoiffance n'eft que pour flatter l'orgueil, aucune d'elles eft-elle néceffaire ou utile à l'homme? Le rend-elle meilleur ou plus honnête?

De la piété pour ton Dieu, de la bienfaifance pour tes femblables, ne font-ce pas là tes grands devoirs? Qui t'apprendra l'une mieux que l'étude de fes ouvrages? Qui t'inftruira dans l'autre autant que la connoiffance de tes obligations?

DOUZIEME PARTIE.

Des Accidens naturels.

SECTION PREMIERE.

De la Prospérité & de l'Adversité.

QUE la prospérité n'enfle pas ton cœur outre mesure, que ton ame ne soit pas accablée jusqu'à la mort, parce que la fortune est cruelle pour toi.

Ses faveurs ne sont pas constantes. N'établis donc point ta confiance en elles; ses revers ne durent pas toujours, que l'espérance te donne donc de la patience.

Il est difficile de supporter bien l'adversité, mais être modéré dans la prospérité, c'est le comble de la sagesse.

Le bien & le mal sont des épreuves propres à faire connoître ta constance, & il n'est rien qui déploie mieux toutes les facultés de ton ame; sois donc éternellement sur tes gardes.

Vois comme la prospérité te flatte doucement, comme insensiblement elle te dérobe ta force & ta vigueur.

Quoique tu eusses été constant dans la mauvaise fortune, invincible dans l'adversité, cependant tu es vaincu par elle; tu ne sais pas que ta force ne reviendra pas, & cependant tu peux en avoir encore besoin.

Notre affliction porte nos amis à la pitié, nos succès excitent l'envie, même dans nos amis.

L'adversité est la source des bonnes actions; c'est la nourrice de l'héroïsme & du courage; celui qui en a assez, s'exposera-t-il pour en avoir davantage?

Celui qui est à son aise exposera-t-il sa vie au hasard?

La vraie vertu agit dans toutes les circonftances; mais les hommes voient davantage fes effets, quand les accidens concourent avec elle.

Dans l'adverfité, l'homme eft abandonné des autres, il trouve que toutes fes efpérances font concentrées en lui-même; il éveille fon ame, il combat les obftacles, & ils cedent devant lui.

Dans la profpérité, il imagine être en fûreté, il croit qu'il eft aimé de tous ceux qui fourient autour de fa table, il devient négligent & lâche.

Il ne voit pas le danger qui eft devant lui; il fe confie aux autres, & à la fin, il eft leur victime; chaque homme peut confeiller fon ame dans le malheur, mais la profpérité met un voile fur la vérité.

Le chagrin qui conduit au contentement, eft préférable à la joie, qui rend l'homme incapable de fupporter le malheur où elle le plonge enfuite.

Nos passions nous dirigent vers les extrêmes; la modération est l'effet de la sagesse.

Sois juste dans tout le cours de ta vie, sois content dans toutes ses vicissitudes; ainsi tu profiteras de toutes les circonstances, ainsi chaque événement sera pour toi une source de louanges!

Le sage tire avantage de chaque chose, & soutient avec la même contenance toutes les variations de la fortune; il est inébranlable en tout.

N'aies pas de présomption dans la prospérité, ne te désespere pas dans l'adversité; ne cherche pas les dangers, ne les fuis pas; ose mépriser tout ce ce qui ne dépend pas de toi.

Celui qui désespere d'arriver à son terme n'y parviendra jamais; celui qui ne voit pas le péril y périra.

Celui qui appelle la prospérité son bien, qui lui a dit: avec toi, j'établirai mon bonheur, ancre son navire dans un lit de sable, & le retour de la marée l'emporte.

Comme l'eau qui coule des montagnes, baigne dans son cours vers l'Océan, tous les champs qui bordent les rivieres, comme elle ne tarit en aucune place; ainsi la fortune visite les enfans des hommes, son mouvement est perpétuel, elle ne s'arrête en aucun endroit, elle est aussi variable que les vents; comment alors veux-tu la fixer? Quand elle te caresse, tu te crois heureux; mais hélas, tu l'as à peine remerciée, qu'elle est dans les bras d'un autre.

SECTION II.

De la Douleur & de la Maladie.

LA maladie du corps affecte jusqu'à l'ame; l'un ne peut être en santé sans l'autre.

La douleur morale est de tous les maux celui qui est le plus ressenti, & celui qui de sa nature est le moins facile à guérir.

Lorsque la constance t'abandonne, appelle ta raison; quand ta patience te quitte, invoque l'espérance.

Souffrir est une nécessité attachée à la nature; veux-tu que des miracles t'arrachent à cette loi? ou murmureras-tu quand tu en seras la victime? mais c'est le sort de tous les hommes.

C'est une injustice d'espérer être exempt de la loi sous laquelle tu es né; soumets-toi avec résignation, puisque tu ne peux fuir ton sort; voudrois-tu dire aux saisons : ne vous écoulez pas, de peur que je devienne vieux? N'est-il pas mieux de souffrir, ce qu'on ne sauroit éviter ?

La douleur qui dure est modérée; rougis donc de t'en plaindre: celle qui est violente, est courte, considere que la fin en est proche ; ton corps fut créé pour être subordonné à ton ame; étendre à celle-ci les peines de celui-là, c'est élever le corps au-dessus de l'ame.

Comme le sage ne s'afflige pas, parce qu'une épine déchire son habillement; ainsi l'homme qui souffre ne doit pas chagriner son ame, parce que son enveloppe est offensée.

SECTION III.

De la Mort.

COMME la production du métal prouve l'art de l'alchymiste, ainsi la mort est la coupelle de notre vie, l'essai qui montre la valeur de toutes nos actions.

Veux-tu bien apprécier une vie, examine son cours; la fin couronne les tentatives; & où la dissimulation n'est plus, la vérité paroît.

Celui-là n'a pas mal employé sa vie, qui sait bien mourir, il ne peut avoir perdu tout son tems, puisque sa derniere heure est toute entiere à sa gloire.

Celui qui meurt comme il doit, n'est pas né en vain; celui qui meurt heureusement n'a pas vécu sans profit.

Celui qui considere qu'il doit mourir, est content pendant qu'il vit, celui qui s'efforce de l'oublier n'a de plaisir en rien, la joie lui paroît un bijou de prix, mais qu'il s'attend à chaque moment de perdre.

Veux-tu apprendre à mourir noblement; que tes vices meurent devant toi; heureux celui qui finit l'affaire de sa vie avant sa mort, qui, lorsque l'heure est arrivée, n'a rien à faire qu'à mourir, qui ne souhaite pas de retard, parce qu'il n'a plus rien à faire.

N'évite pas la mort, car ce seroit une foiblesse; ne la crains pas, car tu ne sais pas ce qu'elle est, tout ce que tu sais, c'est qu'elle met une fin à tes chagrins.

Ne regarde pas la plus longue vie comme la plus heureuse; celle qui est la mieux employée fait le plus d'honneur à l'homme, il en trouvera la récompense après sa mort.

Telle est l'économie complette de la vie humaine.

F I N.

www.ingramcontent.com/pod-product-compliance
Lightning Source LLC
Chambersburg PA
CBHW051914160426
43198CB00012B/1891